先生、教えて！
勉強ぎらいなボクが
親も学校もきらいなワタシが
思う50のギモン

著者　片川儀治

はじめに

現代社会に生きる子供達は、たくさんの悩みを抱えています。勉強ができず、テストで良い点が取れない。兄弟で比較され、惨めな思いをしている。人とコミュニケーションが上手く取れず、クラスで孤立している。親が離婚、再婚を繰り返し、愛される経験をしたことがない。

例を挙げたらきりがありませんが、大人と同様、もしかしたらそれ以上の悩み、苦しみを毎日抱えて生きている子供も多いと感じます。

令和４年の小中高校生の自死者数は、全部で５１４人となり、過去最多です。そのうち、小学生が17人、中学生が１４３人、高校生が３５４人です。

「子供達は、無限の可能性を持っている」この言葉を否定する人はいないでしょう。無限の可能性を持っているはずの子供達が、まだ来ない明日に絶望を抱き、自らの命を絶ってしまう。そんな子供達が、毎年５００人以上もいるこの国は、正常な国だといえるのでしょうか。

「もし近くに、心からその子供に寄り添える大人がいて、心に響く言葉をかけてあげられたら」自死のニュースを見る度に、そう感じてしまいます。

「全ての子供を救うことはできない。しかし、私の言葉を読んで、救われる子供が一人でもいるのだったら、この本を書く意味はある」そう考え、無我夢中でこの本を書き上げました。

この本を手に取っていただいた皆様、どうかお近くの子供達に、この本を届けてください。子供は、一見悩みがなさそうでも、心の奥深くに、誰にも言えない悩みを持っているものです。もし子供が読まなかったら大人が読んでいただき、分かりやすく解釈して子供に伝えてあげてください。

「一燈照隅《いっとうしょうぐう》、萬燈照國《ばんとうしょうこう》」私たちが灯す明かりはかすかなものでも、多くの人達が身近な場所で小さな明かりを灯すことで、やがて国をも照らす大きな光となるという意味です。身近な子供達が、未来に希望を感じ、生きる活力を取り戻すことが、やがて日本という国を正常にすることに繋がると、心から信じています。

この本を手に取っていただき、本当にありがとうございます。

この本の紹介

この本は、「たけお君」「ちなみさん」という2人の架空《かくう》の小中学生を設定し、2人の疑問《ぎもん》に、私が教師として答えていくという形式をとっています。片川は普段《ふだん》小学校の教師をしていますが、知り合いの子供である小学4年生のたけお君、中学3年生のちなみさんからの相談に答えているという設定です。

はじめに

この本は、「色んな疑問を持っている子供達」「子育てに悩んでいる保護者《ほごしゃ》」「子供達の人生を輝《かがや》かせたい学校の先生」など、子供、及び子供と接する全ての大人向けに書きました。

「たけお君」「ちなみさん」の設定、悩《なや》みは全て架空《かくう》のものですが、現代に生きる多くの子供が抱えている悩みを盛り込んでいます。よって、２人と私の対話を読んでいただくことで、色んな疑問に対してどう考えていけば良いのか、また身近な子供達に、人生における大切なことをどう話していけば良いのかを感じていただけると思います。

また、私（片川先生）が話している体験談等《たいけんだんとう》は、全て事実です。本来他人に話すようなことではないプライベートな内容も含《ふく》まれておりますが、私の体験が伝わることで、少しでも多くの子供達が救われたらいいという思いで書きました。

　この本のタイトルでもある「50 のギモン」は、たけお君、ちなみさんからの質問の他、二人の家族からの質問も数に加えております。また、学校の先生方が悩んでいらっしゃることが多い事柄について、「片川先生の同僚からの質問」という架空の設定を用い、私なりの回答をさせていただき、50 の数に含めております。

　この本を読んでいただくと、多種多様な子供の悩み、相談に対して色々な視点から解決の手助けをしていただくことができます。

令和六年一月吉日

片川 儀治

目次

登場人物

たけおくん（小4）

毎日元気に学校へ通う、小学4年生。勉強は大の苦手で、テストはいつもクラスで最下位に近い。運動も得意でなく、自分に自信がない。クラスにはたくさんの友達がいる。

ちなみさん（中3）

勉強も運動も大の苦手、人とコミュニケーションを取ることも苦手で、学校が嫌になり、学校を休みがちな中学3年生。幼稚園の頃《ころ》両親が離婚《りこん》し、母親に引き取られた。小3で母が再婚《さいこん》し、母と新しい父の間に子供（妹）ができた。新しい父は妹ばかり可愛《かわい》がり、自分のことを可愛がってくれない。学校にも家にも居場所がなく、辛い日々を送っている。

片川先生

8年間市役所で働いていて、その後小学校教師となった。中学校時代にいじめられ、高校になっても人とうまくコミュニケーションが取れず、人間関係に悩《なや》んだ経験を持つ。人間とは何か、日本とはどういう国なのかなどについて、多角的な視点から研究している。現代っ子らしい悩みを持ったけお君、ちなみさんの相談に答えていくことで、より多くの子供達に、生きる希望を持って欲しいと願っている。

第一章　たけお君のギモン

（たけお君の説明は十二ページをご覧《らん》ください）

【ギモン①】どうして、命を大切にしなくちゃいけないんですか？

先生、ボクのお母さんは、「命は大切よ」って言うんだけど、どうしてなのかが分かりません。

だって、自分の命なんだから、どうしたって、自分の勝手だと思います。

学校でも、「命は大切です」って教わります。でも、何だかきれいごとに聞こえて、あんまり納得できません。

先生、教えてください。どうして、命を大切にしなくちゃいけないんですか？


たけお君が感じていること、先生もよく分かるよ。

先生も、小さい頃、「もし今、自分が死んだら、どうなるんだろう？」って、真剣に考えたことがあるんだ。

大人はみんな、「命は大切だから、無駄《むだ》にしちゃいけない」って言うけど、「どうして？」って聞いても、「命は一つしかないから」とか言う人が多かったんだ。どうして一つだったら大切なのかは、誰も教えてくれなかった。

でも、今なら断言《だんげん》できる。「命は大切」なんだ。

突然《とつぜん》だけど、たけお君のご先祖様《せんぞ》って、何人くらいいるか、知っている？

おじいちゃん、おばあちゃんくらいは知っているかもしれないけど、それより上の人って顔も名前も知らないかもしれないね。

でも、間違《まちが》いなく、その上も、その更《さら》に上も、ずっとずっと昔から、たけお君のご先祖様が、命を繋《つな》いでくださったんだよ。

たけお君のお父さんの代が一代前、おじいちゃんの代が二代前というように遡《さかのぼ》ってみよう。十代（３００年前くらい）遡ったら、ご先祖様は全部で何人いると思う？

なんと、１０２４人！

更に遡ってみよう。二十代（６００年前くらい）遡ると、全部で約１００万人！

三十代（９００年くらい前）遡ると、なんと10億人もいるんだよ！　想像できないよね。でも、確実にたけお君のご先祖様は、それだけの数がいるのだよ。

では、その10億人のうち、一人でも欠けていたら、たけお君は生まれたと思う？

答えは、ノー。たけお君は、今ここにいないんだ。

たけお君が生まれるまでに、顔も名前も知らない、数え切れないご先祖様が、一生懸命生きて、命をたけお君に繋いでくださったんだ。もちろん、生きていれば辛いこと、苦しいこともあったと思う。命を捨てたくなるくらい、苦しいこともたくさんあったと思う。しかし、どんなことがあっても、生きる事を諦《あきら》めず命を繋いでくれた。だから、今ここにたけお君がいるんだ。

そして、ご先祖様は今のたけお君に何を願っているのだろう？ きっと、自分の命を大事にして、幸せに生きて欲しいと、願ってくださっているのではないかな。たけお君の命は、たけお君だけのものではないんだ。何億、もっと遡れば何兆もの、数え切れないご先祖様の願いが込められているんだよ。

先生がかつて担任をしていたクラスでも、はじめは、自分自身のことが嫌いな子供が、たくさんいたんだ。自分のことが嫌いだったら、ほかの人にも優しくなんてできないよね。

よく、「俺なんてどうせウザい人間だ」「生きるのが嫌になったら自死すればいい」なんてことも言っていたんだ。

そんな子には、「自分のことが嫌いって、お父さん、お母さんに言ったら、何て言われるんだろう」「もし、あなたが死んだら、お父さん、お母さんは、どう思うかな」って、やさしく問いかけてみたんだ。どんな子でも、本気で自分の親の事が嫌いな人はいないよね。「お父さん、お母さんに認めてもらいたい」と、心の中では思っているはずなんだ。

先生、ご先祖様が、命を繋いでくれたことは分かりました。でも最近、日本では自死《じし》（自殺）する人が多いですよね。日本は、世界の中でも、自死をする人が多い国だと聞きました。自死をした人は、命を大切にしなかった人なのでしょうか？

残念ながら、日本は世界の中でも、自死をされる方が多い国なんだ。日本は、子供の自死が多くて、令和４年には５００人を超える小中高校生が、自分で命を絶《た》ってしまったんだ。

子供が自死した理由は、「勉強ができない」「クラスに友達がいない」など、様々なんだ。

自死をしてしまった人が、命を大切にしなかったわけではないと思う。今いる場所がどうしても辛くて、そこから逃げ出したいという、悲痛な気持ちがあったのかもしれない。その人の気持ちなんて、その人にしか分からない。

ただ確実に言えるのは、自死をしてしまった人の周りの人達の悲しみは、想像することができないほど大きいということだ。

小さい頃からかわいくて、大きくなっていくことが楽しみだった自分の子供が、ある日突然自分で命を絶《た》ってしまったら、お父さん、お母さんはどれだけ悲しむだろう。

自分で命を絶つほど苦しんでいたのに、救ってあげることができなかったお父さん、お母さんは、どれだけ自分を責《せ》めて後悔《こうかい》するのだろう。

実業家《じつぎょうか》の山崎《やまさき》拓巳さんが、「死ぬこと以外はかすり傷《きず》」っていう言葉を言ったんだけど、片川先生もそのとおりだと思っているんだ。もちろん、他人には想像できないほど苦しい思いをしている人はたくさんいる。だけど、そうであっても、自分で命を絶ってしまうことはやめてほしいって、先生は真剣に思っている。この本を出そうと思ったのも、それが理由の一つなんだ。

先生、分かりました。周りの人が悲しむから、自死はしちゃいけないのですね。

もちろん、自死をしたら周りの人は悲しむ。だから、周りの人やご先祖様のために、命を大切にするということも大切な考えだ。しかし、何より、「命を大切にする」ことは、「自分の心に素直《すなお》に生きる」ことだと思うんだ。どんなに苦しんでいる人でも、本当は、「死にたくない。生きたい」と思っているんじゃないかな。

たけお君が今よりも小さい頃、どんなことを思っていたかな。「大きくなったら、こんなことをしたい」「○○になりたい」という、大きな希望があったんじゃないかな。

大人になると、色々な障害《しょうがい》、制約《せいやく》ができて、やりたかったことができなくなったりすることがある。大きな絶望《ぜつぼう》に陥《おちい》ったりして、「死んだ方が楽」といって自死をされる方もいらっしゃると思う。

そういう方でも、小さい頃は、きっと大きな希望があったはずなんだ。「大きくなったら、〇〇をしたい」と、きっと思っていただろう。

だから、もし片川先生だったら、命の価値《かち》を見いだせない人に対しては、「小さい頃、やりたいことはなかった？」と尋《たず》ねる。そして、その人の話を最後まで真剣に聞くようにする。命なんてどうでもいいと思っている人は、自分を振《ふ》り返ったり、未来を楽しく想像する余裕《よゆう》はないと思うけど、きっと心の奥底《おくそこ》には、「生きたい。まだ〇〇をしたい」という、かすかな希望は残っているはずなんだ。その人のそばで真剣に寄り添い、話を聞いてあげる人が必要とされているのだと思うんだ。

先生、もし僕の周りに、生きる事に苦しんでいる人がいたら、真剣に話を聞こうと思いました。

今のところ、僕の周りには、本気で自死まで考えている人はいませんが、「やりたいことがない」「生きていたって仕方がない」と言っている人はいます。

そういう人には、どう言えばいいですか？

そういう人には、この言葉を届けたいと思う。

「君たちが生きる今日という日は、死んだ戦友《せんゆう》たちが生きたかった未来だ。」

これは、第二次世界大戦中《だいにじせかいたいせん》に戦艦大和《せんかんやまと》の搭乗員《とうじょういん》で奇跡的《きせきてき》に生き残ることができた八杉康夫さんが、今を生きる我々《われわれ》に向けて残した言葉なんだ。

きみの年齢《ねんれい》なら、もう分かっているんじゃないかな。今から約80年前、日本は戦争のまっただ中にあって、いつ死ぬのか、いつまで生きられるのか、日本人誰《だれ》も分からなかった。皆、今日という日を生き抜くのに必死だったんだ。

戦争末期《せんそうまっき》、日本の都市がいよいよ空襲《くうしゅう》によって焼かれ始めるという時、日本を守るために爆弾《ばくだん》を積んだ飛行機で敵に突撃《とつげき》した、特攻隊《とっこうたい》という人達がいた。戦艦大和という巨大な船に、約３０００人もの若者が乗り、決して生きて帰ってこれないと分かっていながら、沖縄を救うために、ふるさとを出発した。特攻隊や戦艦大和の搭乗員の方々は、明日も明後日《あさって》も生きていたかった。しかし、自分の大切な人を守るために、自分の命を差し出すことを決めたんだ。


先生は、戦争を美化《びか》しているのではないけど、「自分の命に代えて、大切な人を守ろうとした、10代、20代の純粋《じゅんすい》な若者がいた」ことは、まぎれもない事実なんだ。

きみ（生きる希望がない子供）が生きている今日は、たった80年前に生きていた若者が、生きたかった「今日」なんだよ。きみが、当たり前のように生きるであろう明日は、80年前に命を差し出した若者が、未来の子供達に生きて欲しかった、「明日」なんだ。

今のきみからしたら、時代が違いすぎて、思いを馳《は》せろといっても難しいかもしれない。でも、たった80年前にあった、紛《まぎ》れもない現実《げんじつ》なんだ。

きみの命は、決してきみだけのものではないんだよ。きみに命を繋《つな》いでくれた、数え切れないほどのご先祖さま、そして、この国、この世界を作ってくれた、顔も名前も知らない、無数の先人《せんじん》の願いが込《こ》められているんだ。きみは、自分のためだけに命があると思っているから、「つまらない」「やりたいことがない」「生きていても仕方《しかた》がない」と感じるのかもしれない。でも、たとえやりたいことがなくたって、明日も明後日《あさって》も命があるだけで、約80年前の人間からしたら、奇跡のようなことなんだよ。

もちろん、きみの人生なので、きみの思う通りに生きていいんだ。ただし、このことだけは、忘れないでほしい。

・人間、いつか死ぬ。

・いつ死ぬかは、誰にも分からない。

・たった80年前に生まれていたら、生きぬくことすら難しかった。

このことを決して忘れず、一度しかない人生を、後悔のないように生きてください。

もし、人生に絶望《ぜつぼう》している人がいたら、片川先生はきっとそのように言うと思う。

【ギモン②】どうして、勉強しなくちゃいけないんですか？

片川先生、僕は本当に勉強が嫌いです。成績《せいせき》はクラスの中で下から数えた方が早く、テストの度に嫌になります。またどうせ良い点を取れないんだろうって。

お母さんは、「勉強しないと、ロクな大人になれないよ」と怒《おこ》ってきます。学校の先生も、「良い大学に入って、良い会社に入った方が、給料《きゅうりょう》も高いし、自分のやりたいことができる」っていいます。

でも、今は大きな会社も倒産《とうさん》する時代だし、給料が高い会社に入っても、やりたいことがないって言ってすぐ辞《や》める人も多いじゃないですか。それよりも、ユーチューバーになったり、ゲームの実況者《じっきょうしゃ》になったりして、自分のやりたいことを仕事にできたら良いんじゃないですか。それなら、勉強しなくてもいいし。

でも、毎日のように、「勉強しないと、立派《りっぱ》な大人になれない」って言われると、勉強ができない僕は、ダメな人間だって、思ってしまいます。

それでも、片川先生は、勉強しないといけないって言いますか？

たけお君が言うことは、よく分かるよ。

そう思っている人は、たけお君だけではないと思う。日本の学校に通っている小中高校生の多くが、たけお君と同じようなことを思いながら、毎日学校に通っているのかもしれないね。

「勉強しないと、将来困るよ」って言われるけど、正直、大人になっても絶対に使わないだろうっていうこと、たくさんあるよね。高校くらいになって、専門的《せんもんてき》な内容になってくると特に。私は学校の先生だけど、そう思うこともあるんだ。

突然《とつぜん》だけど、たけお君は吉田松陰《よしだしょういん》先生っていう人を知っているかい？１５０年前、山口県の萩《はぎ》っていう田舎《いなか》で、松下村塾《しょうかそんじゅく》という塾を作り、90人以上の子供達を教えた先生なんだ。教えられた塾生は、武士《ぶし》の時代を終わらせて、新しい日本を作るのに大きな役割《やくわり》を果《は》たしたんだよ。

その吉田松陰先生が、こんなことをおっしゃっているんだ。

「学《がく》は人たる所以《ゆえん》を学ぶなり」「勉強をするということは、人が人として歩むべき正しい道を学ぶためである」という意味だよ。つまり、勉強は、将来役に立つためとか、良い大学に入って良い会社に就職するためにやるのではなく、人間として正しい行いをするために学ぶということなんだ。

突然だけど、人間とゴリラって何が違うと思う？

色々違いすぎて、一言では表せないと思うけど、先生は、「ゴリラは自分で本を読んで学ぶことはできないけど、人間は自分で学ぶことができる」って思っているんだ。

他の動物よりも、人間が圧倒的《あっとうてき》に優《すぐ》れているところは、「自ら学ぶことができる」ことなんだ。ということは、人間として生まれたのに、学ぶことをやめてしまったら、動物に近づくっていうことかもしれないよ。（失礼な言い方でごめんね。）

また、他の動物は、基本的《きほんてき》に、自分で自分を成長させることができないんだ。ゴリラが迎える明日は、今日と同じ明日なんだよ。（ゴリラさんごめんね（笑）。）

でも、人間は、学ぶことで自分を進化させることができるんだ。人間として正しい姿ってどんなのかを考えたり、将来なりたい姿《すがた》を想像しそれに向けて学ぶことで、自分を進化させることができるんだ。


人間にとって、学ぶことが大切であることは分かりました。

でも、学校の勉強が、本当に人間にとって大事なことなのでしょうか。

良い大学を卒業した人が、犯罪《はんざい》を起こすことだってありますよね。

勉強をしたら、本当に幸せになれるのでしょうか。


確かに、今の学校は知識《ちしき》ばかり教えているけど、「どうして学ぶのか」「どういう人間に成長していくべきか」「我々が住んでいる国は、どういう国なのか」という、人間として、日本人として本当に学ばなければならない、そして子供達が本当に学びたいことが学べる環境になっていないかもしれないね。

つまり、「人格《じんかく》の向上《こうじょう》（修養《しゅうよう》）」を勉強する場が少ないんだ。修養とは、生きる上でのマナーともいえるかもしれない。

一口に勉強と言っても、「本学《ほんがく》」と「末学《まつがく》」に分かれるんだ。本学は、人格を高めるための勉強、末学は、国語や算数など、生活していくために必要な知識のことをいうんだよ。


よく、難関《なんかん》大学を卒業して一流企業《いちりゅうきぎょう》に入った人が犯罪《はんざい》を起こしたり、政治家が悪い事をしたりしているよね。これは、「末学はできていても、人間として大事な人格（本学）が欠落《けつらく》している」っていうことなんだ。

吉田松陰先生の塾《じゅく》に、「伊藤利助《いとうりすけ》（伊藤博文《いとうひろぶみ》）」という塾生がいた。16歳のとき松下村塾に入塾したけど、利助君はとにかく勉強ができない。「周りのみんなは勉強ができるのに、僕は勉強ができない」きっとそのように思ったんだろうね。

しかし、利助くんは、コミュニケーションが得意《とくい》で、たくさんの友達がいたんだ。たくさんの人に愛されて、「利助くんはおもしろい」と言われていたんだ。

今の塾の先生だったら、「友達作りはいいから、とにかく勉強をしなさい」って言いそうだよね。利助君のそんな姿を見て、松陰先生は何と言っただろう。

「性質《せいしつ》は素直《すなお》で華美《かび》になびかず、僕すこぶる之《これ》を愛す」つまり、「素直な性格で、お金儲《かねもう》けにあまり興味《きょうみ》がない。（そんな利助を）僕は大好きだ」という意味の言葉を言ったんだ。つまり、末学はイマイチかもしれないけど、人格（本学）が素晴《すば》らしいって褒《ほ》めたんだ。

そして、「君は将来《しょうらい》、周旋家《しゅうせんか》になれる」といったそうだ。周旋とは、人と人を繋《つな》ぐという意味なんだ。今でも、頭が良いだけでなく、人から愛される事って、とても大事だよね。

その言葉に感化《かんか》された利助くんは、自分の良いところ（コミュニケーション能力《のうりょく》）をどんどん伸ばし、たくさんの人に愛されたんだ。そして、最後には、日本で最初の総理大臣《そうりだいじん》になったんだ。すごいよね。

総理大臣になっても、お金に汚いことは決してやらず、日本の発展《はってん》のために尽《つ》くしたそうだよ。

秀才《しゅうさい》でも、金儲けばかり考える政治家と、勉強はできなくても、人間として大切な人格がしっかりしている利助くん、どちらが立派《りっぱ》な政治家といえるだろうね。

なるほど。国語や算数だけできていても、人格ができていなければいけないということなんですね。僕も学校の勉強はできないけど、利助君のように、自分の得意なことを伸ばして、人から愛されるような人間になりたいって思いました。

もちろん、学校の勉強も、生きるためには大切なことだから、頑張《がんば》ってね。(笑)

先生が言いたいのは、学校の勉強ができるかできないかで、人生が決まるってことは絶対にないってことなんだ。そして、たけお君の周りにあるもの、全てが勉強に含《ふく》まれると思う。友達と遊ぶこと、親と喧嘩《けんか》すること、好きなスポーツをやること、全部が勉強なんだ。色んな経験をして、たくさん失敗をして、その経験を通じて、人間にとって大切な人格が身についてくるんだ。

今の子供達に人気があるユーチューバーだって、動画をみんなに見てもらうため、色んな事を勉強している。学校で学べることや、受験に必要な勉強は、生きていくために必要な勉強のうち、ほんの一部なのだと思う。

だから、たけお君の人生の全てに、全力を尽《つ》くしてほしい。興味《きょうみ》があることを、どんどん見つけていってほしい。どんな大人になるか今は分からなくても、たけお君が経験する全てのことが、たけお君の将来の手助けになってくれると思うよ。

どうだい？　少しワクワクしてきたかな？

【ギモン③】どうして、夢《ゆめ》をもたなくちゃいけないんですか？

片川先生、僕の親や学校の先生は、「夢を持ちなさい」って言ってきます。でも、夢なんか持たなくても、ある程度《ていど》の勉強をして、高校や大学を出たら、それなりの仕事に就《つ》けると思います。それなりの生活が出来《でき》るくらいの給料《きゅうりょう》がもらえる会社に入って、好きな仕事じゃなくてもそれなりに働《はたら》いて、空いた時間に好きなことをして過《す》ごしたら、まあまあ楽しい人生なんじゃないかって思います。それでも、夢を持たないといけないですか？

たけお君が言っていること、片川先生もよく分かるよ。今の時代は、娯楽《ごらく》がたくさんあって楽しいよね。

たけお君はテレビゲームをしたり、Youtube の動画を見たりするのが好きみたいだね。

では、あなたが好きなテレビゲームは、どうして作られたのだろう。「売れれば自分たちが儲《もう》かる」っていうためだけに作られたのかな。

片川先生は違《ちが》うと思うんだ。「面白《おもしろ》いゲームができたら、たくさんの子供達が喜ぶ子供達の笑顔を見たい」っていう純粋《じゅんすい》な想いがあったから、みんなに楽しんでもらえるゲームを作れたのだと思う。

Youtube も同じだと思うよ。「動画を自分で投稿《とうこう》できるサイトがあったら、動画を作りたいという人の夢を叶《かな》えられる」という想《おも》いがあったから、Youtube というものが作られたんじゃないかな。

たけお君の周りにあるものは、ほとんど、誰《だれ》かの「夢」や、「喜ばせたい」という気持ちから生まれているものだと思うんだ。

もちろん、好きじゃない仕事をして、余った時間で好きなことをするのも、悪くはないよ。でも、たった一度きりの人生なんだから、仕事を好きになって、24時間（人生まるごと）ずっと楽しめる人生にできたら、どれだけ幸せなのだろう。

そして、「夢」を持つことで、他の誰も実現《じつげん》したことのない、新しい「価値《かち》」を生み出せる人になったら、最高の人生になると思うよ。

今、たけお君は何に「ワクワク」しているかな。きっと、そのワクワクが、あなたが本当にしたいこと、つまり「夢」を教えてくれるのではないかと思うよ。

片川先生、夢を持つことが大切なのは分かりました。
でも、先生がよく言われる、志《こころざし》っていうのが、何か分かりません。
夢じゃだめなんですか。志を持たないといけないですか。

夢の大切さを分かってもらえて、良かったよ。

夢っていうのは、「野球選手になりたい」「パティシエになりたい」のように、自分がなりたいもの（姿）だよね。

では、みんなどうしてその夢を選んだのだろう。

野球選手になりたい人は、もちろん、野球が好きなんだろうね。でも、それだけじゃないと思うんだ。「ホームラン王になって、子供達を感動《かんどう》させたい」「自分が所属《しょぞく》するチームを優勝《ゆうしょう》させ、仲間と喜び合いたい」のように、誰かほかの人にしてあげたいことがあるんだと思うよ。

それが、志《こころざし》というものなんだ。志とは、「何（誰《だれ》）のために」＋夢のことだ。志は夢と違って、「どうしてあその夢を叶《かな》えたいか」という観点が入るんだ。もちろん、「お金持ちになるため」では、志にはならないよ。だって、お金持ちは自分のためだからね。

もちろん、自分が幸せになるのは、とっても大切だ。自分が不幸だと思っている人は、なかなかほかの人まで幸せにしたいって、思えないよね。

だけど、幸せって、自分一人で作れるものなのかな。たけお君にとって、幸せな姿《すがた》って、どんな姿なんだろう。きっと、たけお君のそばに、たけお君が大切にしたい人がいるんじゃないかな。

つまり、「幸せは、他者《たしゃ》と共《とも》にある」ものだということだ。そうであれば、自分が成《な》し遂《と》げたい夢も、誰か大切な人のためにあるべきではないかな。

以前担任をした片川先生のクラスでは、はじめ「自分が金持ちになれればいい」「一生遊んで暮《く》らしたい」などと言う人も多かったんだ。だけど一年間かけて、利他《りた》の心（人のことを大切にする心）の大切さを教え続けたんだ。すると、段々《だんだん》と自分以外の人も大切にすることができるようになり、最後の月（三月）にはクラス全員が、「志発表会《こころざしはっぴょうかい》（立志式《りっししき》）」を行えるようになったんだ。みんな素晴《すば》らしい志を言ってい て、先生は泣きながら感動したよ。

たけお君は、誰のために夢を叶えたいんだろう。自分の心と向き合ってくれたら嬉《うれ》しいな。

【ギモン④】食べ物の好き嫌《きら》いがあったらいけませんか？

先生、僕は食べ物の好き嫌いが多いです。牛肉、魚、納豆《なっとう》などが嫌いで、友達からもびっくりされます。豚肉《ぶたにく》やお米、スイーツとかは好きなので、それだけ食べていられれば幸せです。担任の先生からも、お母さんからも、「好き嫌いせず食べなさい」と言われます。でも、嫌いなものがあっても、将来そんなに困らないと思います。大人になったら、好きなものを選んで買えばいいだけですよね。しょせん食べ物なのですから。

嫌いなものを食べなさいって言われるのって、本当に辛いよね。片川先生も、保育園児のころ、茄子《なす》を一口も食べられないほど苦手だったんだけど、保育園の先生から、無理矢理食べさせられて大泣きをした経験があるので、たけお君の気持ちはよく分かるよ。

結論《けつろん》から言うと、「苦手なものを、すぐに食べられるようにならないといけない」とは片川先生は思わないな。「栄養《えいよう》がある」「食べてみればおいしいかもしれない」とか言われたって、苦手なものは苦手だもんね。

ただ、たけお君が「しょせん食べ物」って言ったことには、少し気になったんだ。

確かに、お金を出せばどんな食べ物でも食べられる。少なくても日本ではね。

じゃあ、たけお君が大好きな豚肉は誰のおかげで食べられるのかな？

豚を処理《しょり》して精肉《せいにく》してくれる人がいて、豚肉をお店まで届けてくれる運送《うんそう》会社の人がいて、豚肉を売ってくれるお店の人がいて、そして豚肉を買い、おいしい料理を作ってくれるお父さん、お母さんや給食調理員《きゅうしょくちょうりいん》の先生、ファミレスの従業員《じゅうぎょういん》などがいるから、あなたは豚肉を食べられるんだよね。

何より、自分の命を差し出して、自分の体を私達人間に与えてくれる豚がいるから、たけお君は豚肉が食べられるんだよね。

だからどうしたんですか。豚はしょせん豚なんだから、人間に食べられて幸せなんじゃやないですか？

片川先生は、そんなことは思わない。人間だって動物だって、命の重さは同じだと思っている。

たけお君は、なぜ人間に生まれてきたのかな？　人間に生まれるために、何かすごいことをしたのかな？

そんなことはないよね。生まれた瞬間《しゅんかん》、たけお君は人間だったのだから。
ということは、たけお君は人間じゃなく、豚に生まれる可能性《かのうせい》だってあったんだよね？
豚にだって、虫にだってなる可能性があったたけお君が、たまたま人間として生まれたからといって、豚や虫よりも命の価値《かち》があるって、本当に言い切れる？

そう言われたら、何と答えて良いか分からないです…

そう偉《えら》そうに言っている片川先生だって、たけお君と同じなんだ。色んな生き物に生まれる可能性があったのに、たまたま人間に生まれたんだ。その中でも、戦争もなく、食べるものがないほどお金に苦労することがない日本人に、たまたま生まれたんだ。
豚や虫と、命の価値は変わらない。命の重さは一緒なんだ。だけど人間は、他の動物や植物の命をいただくことで、自分の命を保《たも》つことができる生き物だよね。だから、僕たちはこれからも、尊《とうと》い価値のある生き物の命をいただかないといけない。

何だか、申し訳ない気持ちになってきました。

そうだよね。まぁ人間はそういう生き物だから、申し訳ないと思わなくてもいいんじゃないかな。だけど、「ありがたい」っていう感謝《かんしゃ》の気持ちは、持った方がいいと思う。豚の命、鳥の命、植物の命など、たくさんの命をいただくことで、たけお君の命は今日も繋《つな》がる。給食には、たけお君が嫌いな牛肉や魚も出されると思うけど、たけお君が食べずに残した牛や魚だって、たけお君に命を差し出したんだ。たとえ今食べられなくたって、心の中で「ありがとう」と思うことはできるんじゃないかな。そしていつか食べられるようになった時、今まで食べられなかった分も感謝して食べればいいって、片川先生は思うよ。

たぶん明日も、苦手な食べ物は食べられないと思うけど、心の中で「ありがとう」と言ってみようと思いました。牛も豚も魚も、僕たちと同じ、大切な命。その命に感謝しないといけないですね。

『いのちをいただく　みいちゃんがお肉になる日』（講談社）っていう絵本もあるから、読んでみたら良いよ。食事は、大切な命をいただいて私達が命を繋いでいく崇高《すうこう》な（素晴らしい）時間なんだね。

【ギモン⑤】僕のお母さんは厳《きび》しすぎます。お兄ちゃんと比《くら》べられるんです

片川先生、僕のお母さんは僕のことを毎日のように怒鳴《どな》ってきます。「宿題をやりなさい」「宿題以外の勉強もやりなさい」「好き嫌いをしてはいけません」「お兄ちゃんと喧嘩《けんか》をしたらいけません」「YouTubeを見たら頭が悪くなります」など、毎日のように怒鳴られて、家にいるのが嫌になります。友達のお母さんはみんな優《やさ》しそうで、僕のお母さんみたいに毎日怒鳴ってきません。友達の家がうらやましくなります。

きっと、お母さんは僕のことが嫌いなんだと思います。勉強ができるお兄ちゃんだけいたら、僕なんかいなくてもいいって思っているようです。


それは違《ちが》うと思うな。本当にいてほしくないんだったら、たけお君が何をやっていても、お母さんは注意《ちゅうい》をしないと思うよ。

突然《とつぜん》だけど、愛の反対言葉って何だと思う？

それは「無関心《むかんしん》」なんだ。どうでも良いと思う人に対しては、何も興味を持たないのが人間なんだ。

厳しく叱《しか》るっていうのは、それだけ愛情があるってことなんだ。「たけお君が将来困らず、立派な人間になってほしい」というお母さんの愛情が、厳しい言葉となって表れているのだと思うよ。

もし、お母さんがやさしくて、たけお君が何をしても「自分の好きにしていいよ。勉強なんかしなくていいし、Youtubeも好きなだけ見ていいよ」って言ったら、どう思う？

それは、本当の愛情とは言えないんじゃないかな？

お母さんは、たけお君が成長できるようにわざと厳しく叱っているのかもしれないよ。

親っていうのはね、勉強ができるとかできないとか、親を困らせるとか困らせないとか関係なく、自分の子供をみんな平等にかわいいと思うんだ。だから、たけお君のお兄ちゃんの方が好きなんて事は絶対にありえない。お兄ちゃんのことも、たけお君のことも、両方平等に愛してくれているよ。

分かりました。だけど、いくら愛情と言っても耳元で怒鳴る必要はないと思うんです。「宿題を早くやった方がいいよ」って穏《おだ》やかに言ってくれれば僕もやる気になるのに、ヒステリックに怒鳴るから、やる気がなくなるし嫌な気持ちになるんです。

一番嫌なのが、お兄ちゃんと比べられることです。「どうしてお兄ちゃんと同じようにしてきたのに、こんなに成績が悪いの？」と言われたことがあり、もうどうでも良くなりました。


そうだよね。だからこそ、たけお君は、じっくりとお母さんに話してみたらいいと思うよ。

たけお君のそんな辛い気持ちを、お母さんは気づいていないのかもしれない。親っていうのは、子供に言われて初《はじ》めて気づくことだってあるんだ。

「勉強しないといけないのは分かっている。YouTube も見過《みす》ぎたらいけないっていうのは分かっている。だけど、怒鳴られたら嫌な気持ちになって、反発《はんぱつ》したくなるんだ。もっと優しく言って欲しい」って、素直にお母さんにぶつけてみたらいいと思うよ。

お兄ちゃんと比べられるのも嫌だよね。それも、お母さんにぶつけてみたらいいと思うよ。「なんでお兄ちゃんと比べるの？ 僕は僕なんだよ。お兄ちゃんと比べられるのが、一番嫌なんだ」って、素直《すなお》にたけお君の気持ちを伝えたら良いんじゃないかな？

たけお君の言葉によって、お母さんは今まで気づけなかったことを気づくことができるかもしれないよ。

【ギモン⑥】【たけおくんのお母さんからの相談】

たけおが、食べ物の好き嫌いが多くて、困っています！

片川先生、たけおは、牛肉、魚など、嫌いなものが本当に多くて困っています。「出されたものを、残さず食べなさい」って叱っても、一切聞こうとしません。どうすればいいでしょうか？

ちょうど今日たけお君からも、「好き嫌いがあってはいけないですか？」という質問を受けました。

私は、「嫌いなものを、すぐに食べる必要はない」と伝えました。私自身、保育園児の頃、先生に無理矢理茄子を食べさせられたことでトラウマになり、その後20歳まで、茄子を食べられなかった経験があるからです。

もちろん、好き嫌いがないことに越したことはありませんが、子供の時に食べられないものでも、大人になったら食べられるようになることが、往々にしてあります。だから、「今すぐに食べられるようにならないといけない」と焦る必要はないと思っています。

一方で、たけお君には、「命の崇高さ」を伝えました。牛にも豚にも魚にも、我々と同じ大切な命があり、その命をいただくことで、我々の命は明日に繋がります。食事の場とは、命の交換が行われるとても大切なものだと思います。

食に困らない我々現代人にとって、食べ物があることは当たり前になりすぎて、感謝という感情が芽生えにくい状況にあります。だからこそ、「食べ物を通じて、命をいただくこと」はどういうことかを、子供達に伝える必要があると思っています。

私の知り合いに、子供達を食肉工場に連れて行き、命をいただくことを考えさせる授業を行っている先生もいます。そこまでできなくとも、色んな機会を使って、動植物の大切な命を受け継ぎ、我々は生き延びていることを子供達に伝えていくことが、「食べなさい」と何回も叱るより、心に響くと思います。

食事とは、命を受け継ぐ大切な行為なのですね。苦手なものを今すぐ食べられなくても、片川先生から言われたことはたけおの心に残っていると思います。

【ギモン⑦】男友達と同じ女の子が好きなんです！

僕、同じクラスの愛ちゃんのことが、ずっと前から好きだったんです。でも最近、友達の慎太郎君も、愛ちゃんのことが好きだということを知りました。しかも、愛ちゃんも慎太郎君のことを気に入っているようなんです。僕は、悔《くや》しくてたまりません。

そうだったんだね。人のことをずっと好きでいられるなんて、素晴《すば》らしいことだと思うよ。

そして、慎太郎君も愛ちゃんのことが好きで、愛ちゃんともしかしたら相思相愛《そうしそうあい》かもしれないということを知った時のたけお君の辛い気持ちも、想像《そうぞう》できるよ。たけお君は、慎太郎君に対してどんなふうに思っているの？

慎太郎君とは今まで仲良しだったけど、もう一緒《いっしょ》に遊びたくありません。顔も見たくないです。慎太郎君と愛ちゃんが話している姿《すがた》を見ると、イライラします。

たけお君、そういう感情《かんじょう》を何と言うか知ってる？

「嫉妬《しっと》」っていうんだよ。

嫉妬は、人間としてとても恥《は》ずかしい感情なんだ。

慎太郎君は、たけお君に対して何か嫌なことをしたの？

慎太郎君だって、人を好きになるという素晴らしい感情が表れただけじゃないか。

その慎太郎君に対して、「顔も見たくない。イライラする」なんて言うたけお君は、間違《まちが》っていると思うよ。


片川先生、僕だって分かっているんです。慎太郎君も、愛ちゃんも、何も悪くないって。僕が勝手《かって》に嫉妬しているんだって。だけど、慎太郎君と愛ちゃんが仲良しだって思うと、悔《くや》しくって悲《かな》しくって、涙《なみだ》が出てくるんです。


たけお君がこれから長い人生を生きていく中で、そのようなことは、いくらだってあるよ。そして、誰だってあるんだよ。

嫉妬っていう感情は、人間なら誰でも持っているんだ。

大人にだってあるんだ。同級生《どうきゅうせい》が自分よりも先に出世《しゅっせ》したり、自分が好きだった恋《こい》人《びと》が自分と別《わか》れて別《べつ》の人と結婚したり、自分の子供より他の子供の方が頭が良かったり……色んな時に嫉妬という感情が生まれてくるのが、我々人間なんだ。

嫉妬という感情を上手《うま》くコントロールしながら、人間は成長していくんだよ。悲しいことに、嫉妬をしている人間は、自分自身が誰かに嫉妬をしているということを自分では分かっていないことが多いんだ。それに比べて、たけお君は自分自身が嫉妬していることを分かっているから、凄《すご》いと思うよ。

色んな事が気になると思うけど、今は先のこととか深く考えず、「みんなと仲良くする」っていう気持ちをもっておけばいいんじゃないかな。先の事なんて、誰にも分からないんだから。

【ギモン⑧】お金儲《かねもう》けって、悪いことなんですか？

僕は、将来たくさんお金を稼《かせ》ぎたいと思っています。だって、お金があれば、何だって手に入るじゃないですか。お金があれば、幸せになれるって思っています。別に間違《まちが》ってはいないですよね。

たけお君、もちろんお金は大切だ。生きていくためには、お金が絶対に必要だよね。お金を1円も稼げない仕事なんてないよね。（ボランティアを除《のぞ》く）だけどね、お金は何のためにあるか知っている？

「自分が幸せになるため」そして、「人を幸せにするため」にあると思うんだ。たけお君は、お金儲けを人生の目的にしようとしているみたいだけど、本当にそれでいいのかな？

たけお君は、人間として生まれる確率《かくりつ》ってどのくらいだと思う？

保健の授業で習った「精子《せいし》」を基《もと》に考えると、3億個の精子のうち、受精《じゅせい》して卵子《らんし》と結合《けつごう》できるのは、基本的に1個だ。残りは生物になることはできない。

実際には、確率はもっと低い。結合しても生まれることができないものもある。しかも、この世には色んな生物がいる。動物だけで700万種以上もいる。多種多様《たしゅたよう》な生物の中で、人間として生まれる確率なんてほんのわずかだ。

さらに、安全で暮《く》らしやすい日本に生まれる確率となると、更《さら》に低くなる。たとえ日本人として生まれたって、戦争が激《はげ》しい時代に生まれたら、どれだけ生きていられるか分からない。

何が言いたいかというと、今あなたがここにいることは、奇跡《きせき》なんだっていうこと。奇跡のような確率で今ここにいるたけお君は、せっかく得《え》た命を、お金儲けのために費やしてもいいのかい？

片川先生は、こう思うよ。「お金は幸せの手段《しゅだん》であり、目的ではない」

突然だけど、出光佐三《いでみつさぞう》って知っているかい？ガソリンスタンド会社の出光を創業《そうぎょう》した方だ。

出光さんは、戦争前にあった財産《ざいさん》などのほとんどを戦争で失って、貧乏《びんぼう》な中から巨大企業を立ち上げた立派な方なんだ。

その方が、こんなことを言っているよ。

「金《かね》の奴隷《どれい》となってはならぬ。人としての尊《とうと》さはどこにあるのかを見極めよ」

金儲けのために、貴重《きちょう》な人生を棒《ぼう》に振《ふ》ってはならないということだね。

お金は、あればあるほど、「もっと欲しい！」って思ってしまうのが、我々人間なんだ。お金は幸せになるための手段だったはずなのに、いつの間にか目的になってしまうんだね。

もし時間があったら、お金儲けを目的にしてしまって、人生を棒に振ってしまった人を調べてみてほしい。きっと山ほどいると思う。

また、お金以外のものに価値を見いだし、それを追求《ついきゅう》し続けた人の人生も調べてほしい。

たけお君は、「お金があれば、幸せになれる」って言ったけど、本当にそうなのか、色んな人の人生を見ていけば、自ずと分かってくると思うよ。

我々には想像できないような大金を持っている人でも、死んだら、一円もあの世に持って行けないんだ。そういう意味では、お金を持っていようが、持っていまいが、死ぬ時は平等《びょうどう》っていうことだね。

たけお君は、お金を儲けた先に、何が見えているかな？

【ギモン⑨】掃除《そうじ》は面倒《めんどう》で嫌いです！

僕は掃除が嫌いです。学校でも毎日掃除があり、家でも休日は掃除をさせられます。少々汚《よご》れていても、僕は気になりません。どうして掃除をしなくちゃいけないんですか？

掃除は大変だよね。隅々《すみずみ》までピカピカにしようと思ったら、並大抵《なみたいてい》の努力じゃ出来ない。

確かに、汚れていても気にならない人にとっては何ともないよね。だけど、片川先生にとって掃除とは、「心を磨《みが》く」ことなんだ。何を言っているんだって思うよね。掃除は、その場《ば》を綺麗《きれい》にするためにやることだから、心なんか関係ないって。

でも、掃除をすることで確実に心は磨かれているんだ。片川先生も、人間の一人だから嫌な感情が湧《わ》き出ることがある。どうしてあの人は分かってくれないんだろう。どうして自分の思い通りにならないんだろうって。

客観的《きゃっかんてき》に考えたら分かる。独《ひと》りよがりの傲慢《ごうまん》（自分勝手）な心だって。だけど、自分自身ではそれに気づかないものなんだ。

そんな時、片川先生は掃除をするんだ。はじめは、「何で掃除をしなければならないんだ」っていう気持ちが出てくるけど、やっているうちに、自分自身の傲慢な心が消《き》えていくんだ。

特《とく》に、トイレ掃除は素晴《すば》らしいよ。用を足す汚いところを、ぞうきんで綺麗《きれい》に拭《ふ》いていく。その作業によって、自分の心は磨かれていくんだ。

そして、あらゆるものに感謝《かんしゃ》できるようになるんだ。机《つくえ》、椅子《いす》、窓《まど》、便器《べんき》など、色々なものが周りにあるおかげで、私達は豊《ゆた》かな生活を送れる。それは当たり前なことではなく、「ありがたいことなんだ」って思えてくるんだ。

傲慢《ごうまん》の反対言葉は、感謝だと思う。あらゆるものに感謝できる心が生まれることで、自分の周囲《しゅうい》の人に対しても感謝の心が芽生《めば》えてくるんだ。

たけお君も、今度「ありがとう」と心の中で唱《とな》えながら掃除をすると良いよ。きっと、全然違った気持ちになるから。

そして、自分が掃除をした場所を振り返ってごらん。美しくなっている場所と、磨かれた心が共鳴《きょうめい》して、とてもすがすがしい気分になるから。

ぜひ、おすすめするよ。

【ギモン⑩】僕、間違《まちが》っていますか？

先生、僕のクラスには、飛鳥《あすか》君っていうちょっと変わった子がいます。運動が苦手で、いつも暗く下ばっかり見ています。何だか、体から変なにおいがします。お風呂《ふろ》に入っていないんじゃないですかね。

飛鳥君には、あまり友達がいません。智也《ともや》君っていうおとなしい子と、いつも二人でいます。

洋一君っていう、クラスの人気者がいます。僕はいつも洋一君たちと一緒に遊んでいます。この前、みんなでサッカーをしていたら、飛鳥君が、入れて欲《ほ》しいと言ってきましたが、洋一君が「お前なんか入れない」って言いました。かわいそうかなって思ったけど、飛鳥君はサッカーが下手だから、僕も入れたくありませんでした。飛鳥君はしょんぼりして、智也君と教室に帰っていきました。

先生、僕は何も悪くないですよね。だって、飛鳥君が変なんだから。しかも、僕は何も言っていないんだから。

洋一君は、とってもかわいそうな子だなって思うよ。

何故《なぜ》かって？　本当に心が強い人ではないからだ。

心も体も本当に強い人は、誰に対してもやさしいんだ。たとえサッカーが下手でも、飛鳥君の「仲間に入れて欲しい」という気持ちを大切にして、仲間に入れてあげたと思う。

もしかしたら洋一君も、何か大きな不満《ふまん》、悩《なや》みを抱《かか》えているのかもしれないね。その不満、悩みを乗り越えないと、洋一君は真に強い人にはなれないと思うよ。

そして、洋一君に対して何も言わなかったたけお君は、飛鳥君や智也君からどのように思われているのかな。もしかしたら、「洋一君と同じような人間だ」に思われているのではないんじゃないかな。

たけお君は、傍観者《ぼうかんしゃ》、つまり見て見ぬふりをした人だ。片川先生は、傍観者も加害《かがい》者（いじめをした人）の一人だと思う。たけお君は、その場の雰囲気《ふんいき》に流されたんだよ。

本当に強い人って、どんな人なんだろう。自分で考えてみてほしい。

片川先生、そんなこと言われたって、僕は、洋一君達と仲良くしていたいんです。片川先生が言うように、飛鳥君達に寄《よ》り添《そ》ってしまったら、もしかしたら、僕は飛鳥君、智也君しか友達がいなくなるかもしれません。飛鳥君、智也君は、クラスでもイケていない方だと思います。僕たちは、イケているグループにいるので、今のままでいいと思っています。何でわざわざ、イケていないグループに入らないとならないのですか。

たけお君の言っていること、よく分かるよ。どうしてかって？　片川先生も、たけお君と同じ経験をしたからなんだ。

片川先生が高校生の時、あまりコミュニケーションが得意ではなかったんだ。片川先生のクラスには、たけお君が言うようなイケているグループがあって、片川先生はそのグループに入りたかったけど、うまくコミュニケーションが取れずはじめは入ることができなかったんだ。

クラスに、いつも一人で本を読んでいる子がいたんだ。片川先生は、その子とだったら仲良くなれると思い、その子とずっと一緒にいたんだ。

高校3年生になった先生は、段々《だんだん》とコミュニケーション能力《のうりょく》がついてきたんだ。いままで話さなかった人でもコミュニケーションを取るようになって、イケているグループとも、ちょっとずつ仲良くなってきたんだ。

ある日イケているグループの友達に、外で一緒にバレーボールをしようと言われた時があった。そこで気になったのは、それまで一緒に遊んでいた、本を読んでいるおとなしい友達。その子は、イケているグループの子には嫌われていたんだ。

僕は、その子をほおって、バレーボールをし始めたんだ。バレーボールをしたおかげで、先生にも友達がたくさんできたんだけど、その結果、おとなしい友達は、また孤独《こどく》になってしまったんだ。

その結果、片川先生はイケているグループのみんなと仲良くなれたと思う？

あれから15年経《た》ち、先生は、今は誰とも連絡《れんらく》を取っていないんだ。結局《けっきょく》、片川先生自身も、その場の雰囲気《ふんいき》に流された一人なんだ。本当に強い男ではなかったんだ。

たけお君は、片川先生にはない、優《やさ》しい心を持っていると思うよ。だって、飛鳥君や智也君のことも、ちゃんと見れているじゃないか。

だから、たけお君にしかできない接《せっ》し方があると思う。飛鳥君や智也君に対しても、洋一君たちに対しても。

飛鳥君や智也君と仲良くなった結果、今までの友達が離《はな》れていくようなら、今までの友達は真の友達ではなかったということだ。上辺《うわべ》だけの関係だったんじゃないかな。

たけお君には、友達が多くいて、外で活発《かっぱつ》に遊んでいる子が輝《かがや》いていて、一人で本を読んでいる子は暗く見えているんだろうね。

だけど、どちらも立派な「クラスの仲間」なんだ。

ファーブルっていう人は知ってる？ ファーブル昆虫記《こんちゅうき》という図鑑《ずかん》で有名な、あのファーブルだよ。ファーブルは、小さい頃から、地面に這《は》いつくばって、虫ばかり探していた、一見《いっけん》変わった子だったそうなんだ。

人とコミュニケーションを取らず、一人で地面ばかり見ていたファーブル。そんな子が、世界中で誰もが知っているほどの素晴らしい人になることもあるんだ。

だから、「クラスで輝いているから」「暗いから」などという理由で、人を判断《はんだん》しない方がいいと思うよ。実は、一見暗く見える子が、将来誰でも知っている有名人になるかもしれない。

たけお君も、勇気《ゆうき》を出して、これまで話したことのない子にも話しかけてみたらどうかな？ たけお君にとっても、今まで想像《そうぞう》していなかったような、素晴らしい出会いになるかもしれないよ。

真の友達とはどういうものなのか、考えてみてほしい。そして、場の雰囲気に流されずに、正しいことは何かを考えてみてほしい。

「勇は義（ただ）しきことをなすことなり」本当の勇気とは、正しいことをすることだっていう意味だ。
きっとたけお君なら、真の友達作りができると思うよ。

【ギモン⑪】自分に自信を付けるためには、どうすればいいですか？

片川先生にきつく言われて、僕は友達のことを大切にできていなかったことがよく分かりました。僕は勉強もできないし運動もできないし、友達を大切にすることだってできない。何をやったってダメなんです。どうすれば、自分に自信を付けることができるのでしょうか？

それはズバリ、「自分との約束《やくそく》を守る」ことだ。

赤ちゃんは、どうやって自信を付けていくか知ってる？ 今まで仰向《あおむ》けしかできなかったのに、自分の力で寝返《ねがえ》りをうてるようになること、今まで動けなかったのに、自分の手足でハイハイをできるようになること、そして今まで立てなかったのに、自分の足で立てるようになること。そのように、今までできなかったことを、自分の力でできるようになることで、少しずつ、自分に自信を付けていくんだ。

つまり、誰かに頼《たの》んで自信を付けてもらうとかっていう発想《はっそう》は間違っていて、結局は自分自身が成長していくことでしか、自信って付けられないと思うんだ。

赤ちゃんだったら日々《ひび》成長するけど、たけお君くらいになったら、日々自分で成長していくって難しいよね。だから、「自分自身と約束を作り、その約束を何がなんでも達成していく」ことをおすすめするよ。

メジャーリーガーの大谷翔平《おおたにしょうへい》選手は知っているよね。彼は高校生の頃、「球団《きゅうだん》からドラフト1位指名される」という高い目標を掲《かか》げ、その目標を実現するために必要なことを、【マンダラチャート】という紙に細かく書いていったんだ。

「投球《とうきゅう》スピード１６０㎞」というとてつもない大きなことから、「ゴミ拾い」「あいさつ」「本を読む」などの日常生活に至《いた》るまで書いて、自分自身と決めた約束を日々やり遂げていったんだ。そのおかげで、目標を実現しただけでなく、自分に対する揺《ゆ》るぎない自信を付けたんだ。

たけお君は、自分自身と何を約束するかな？「次のテストで90点以上を取る」「苦手な野球で、ホームランを打つ」「おとなしい飛鳥君に毎日話しかける」など、何でも良いんだ。大事なことは、自分自身と約束したことを、何が何でもやり遂《と》げるって事なんだ。

もちろん、約束を実現することは、決して簡単《かんたん》じゃない。むしろ簡単だったら、自信には繋《つな》がらない。大変であっても、自分との約束を守りきることで、ちょっとずつ自信が芽生え、最後には揺るぎないものになっていくんだ。

自分との約束を守り続けた先に、揺るぎない自信に満ちあふれたたけお君に出会えることを、楽しみにしているよ。

【ギモン⑫】「あの子に負けたくない」っていうのは悪い気持ちですか？

片川先生が言ったように、僕は次のテストを頑張るっていう、自分との約束を決めました。実は、いつも僕と同じくらいの点を取る竜介《りゅうすけ》君がいます。今回、竜介君よりも高い点を取ることを目標としています。

でも、それって竜介君と比べるってことですよね。それってやっぱり悪いことなんでしょうか？

全然、悪いことじゃないと思うよ。

そういう関係を、「ライバル」というんだ。

勉強でもスポーツでも仕事でも、「あの子には負けたくない」っていう気持ちがあるから頑張れることってあるよね。良いライバル関係は、自分へのエネルギーになるんだ。

もちろん、勉強は最終的に自分自身との戦いだ。他人《たにん》と比較《ひかく》する必要は、別になくてもいい。だけど、ライバルって言えるってことは、「お互《たが》いが認《みと》め合っている」っていうことなんだ。

できれば、竜介君にとっても、たけお君がライバルだと思ってくれていればいいいな。

お互い認め合っているってことだからね。

もちろん、負けないために相手を陥《おとしい》れるようなことはダメだ。だけど、切磋琢磨《せっさたくま》し合える関係は、むしろあった方がいいよね。

たけお君も竜介君も、二人とも頑張れることを、応援《おうえん》しているよ。

【ギモン⑬】【たけおくんのお母さんからの相談】

うちの子がゲーム、YouTubeばかりで困っています！

片川先生、たけおは、家に帰ったらまずゲームをし、そしてYouTubeでゲーム実況ばかり見ています。いくら注意をしても聞こうとしません。

お母さんが言ったことと同じ悩みを、日本中の親が抱えています。

子供は、基本的に「楽しい」ものを求めます。昔であれば、公園や自然の中で遊び、人との関わり合いの中でコミュニケーション能力を身に付けていきましたが、ご近所問題、交通事故の危険、更にコロナ禍により、すっかり外で遊ぶ子供が少なくなりました。そんな中、何の気兼ねもなく楽しく遊べるゲームなどに走るのは、ごく自然なことかもしれません。

ただし、ゲームやYouTubeは依存性があり、コミュニケーション能力低下、視力低下、思考力低下など、負の影響は計り知れません。

だからといって、それらを全く与えないのも、私はおすすめしません。「我が家だけ何もさせてもらえなかった」と感じた。ことが、将来大人になった際に反動となり、ゲームなどに依存する可能性があるからです。

そこで提唱したいのが、①「子供と一緒にルールを決める」、②「ゲーム、YouTube以外の時間に子供がするものを用意する」、です。

たけお君が言うことを聞かないということですが、ゲームやYouTubeを与える時、制限時間などのルールを子供と一緒に決めましたか。

ゲームもパソコンも、子供が稼いだお金で買った物ではないはずです。それを子供にプレゼントした時点で、子供は「どうして僕のゲームなのにとやかく言われないといけないのか」という思考になり、言うことを聞かなくなります。だとしたら、あくまで所有権は親にあることを明確にし、「お母さんのゲーム機を1日1時間だけ使わせてあげる」などのルール作りをしておくべきだと思います。

今まで多くの子供を見てきましたが、「家にゲームはあるけど、「1日30分まで」などと、我が家のルールをお母さんと決めた」という子供達は、ゲームに依存せず、本、スポーツなど、様々なことに興味を持っていたように感じます。そして、忍耐ばかりさせることが正しいとは限りません。忙しいと思いますが、子供を、自然の中に連れて行ってあげてください。子供が興味を持ちそうなものを与えてみてください。

家の中に、様々なジャンルの本を揃えてみてください。きっと、色んなものの中から、たけお君が興味を持つものが出てくるはずです。

そして何より、親が人生を楽しんでいることが大事です。子供に依存せず、親が人生を精一杯楽しんでいる姿を見たら、子供は安心して、ゲームに依存することなく、自分の人生を楽しくしようという気持ちになる子が多いです。

たけお君やお母さんが、良い人生を歩めるように、心から願っています。

片川先生、だけどたけおは、「将来はユーチューバーになりたい」と言い始めているんです。ユーチューバーみたいな不安定な仕事じゃなくて、ちゃんとした定職に就いて欲しいと言っているのですが、聞く耳を持ちません。どうすればいいでしょうか。

将来の夢がユーチューバーだと聞いて、不安に思われるお母さんの気持ちが、よく分かります。

子供達にとって、YouTubeが身近になっている現代、ゲーム実況など、好きなことをしながら、お金を稼げるユーチューバーという職業に子供達が興味を抱くのは、当然のことかもしれません。

逆に言えば私達大人の仕事が、子供達にとって魅力的に見えていないのかもしれませんね。「教師」という職業などその典型であり、「忙しい」「辛い」といったイメージが先行し、子供だけでなく、大学生など大人にとっても魅力的に感じられない職業になってしまいました。まずは我々大人が、「働くことの素晴らしさ」「楽しさ」を子供達に伝えたり、楽しんでいる姿を見せる必要があるのかもしれません。

たけお君の夢がユーチューバーということですが、いずれにせよ、夢があるのは素晴らしい事です。

私がかつて担任をしていたクラスでは、授業の中で「将来の夢」を尋ねたら、「夢がない」と答えた児童がたくさんいました。それだけ、子供達にとって、大人の世界が魅力的ではないのです。そんな現代において、たけお君は明確な夢があるのは本当に素晴らしいことです。まずは、夢があること自体を褒めてあげてください。

一方、お母さんが心配されるように、ユーチューバーは安定しない職業であることも事実です。ユーチューバーだけで生計を立てるためには毎月１００万回以上の視聴回数が必要と言われていますが、そのような動画を作り続けられる人は、現代においてもごくわずかで、多くが趣味、もしくは副業としてやっていらっしゃるのが現状です。

子供達は、そういう現実をあまり知りません。だからこそ、そういう現実を伝えてあげてください。

ここで大切なのは、「夢を否定しない」ことです。ユーチューバーであれ何であれ、自分が抱いた夢を否定されるのは、子供にとって大きなショックです。もしかしたら、将来全般に対して悲観的になるかもしれません。

ユーチューバーという夢があることを純粋に認めつつ、多くのユーチューバーが別に本業を持っている事実を伝え、ユーチューバーの他に、もう一つ夢を持つことを勧めていくのはいかがでしょうか？　どちらかを副業としてやっていくことで、生活も安定させることができ、やりたいこともできるという大きな希望を与えることができるはずです。

また、たけお君の周りの大人が、仕事を楽しそうにしていることも大切です。周りの大人が、生き生きと仕事をしている姿を見せることで、未来への希望を感じさせることができると思います。

【ギモン⑭】竜介君のことが馬鹿《ばか》に見えてきました！

片川先生のおかげで、勉強に前向きになり、進んで勉強ができるようになりました。すると、どんどんテストの点数が上がってきました。やっぱり、僕は今までやる気がなかったから点数が低かっただけで、やる気になればいくらでも点数は上がるんだなって思いました。

今まで竜介君と点数を競《きそ》い合っていたけど、もう竜介君の追《お》いつかないところまで上がってきました。竜介君はすごく悔《くや》しがっています。いい気味《きみ》です。

竜介君も家で勉強しているようですが、全然点数が上がりません。あんなに頑張っているのに点数が上がらないなんて、馬鹿なんじゃないかって思ってきました。


まず、テストの点数が上がって本当に良かったね。たけお君が、自分との約束を守り続けた結果だ。心からお祝《いわ》いするよ。

でも、今の発言はどうかと思うよ。たけお君は、竜介君のことを完全に見下《みくだ》しているね。

はっきり言って、いくらテストの点数が良くたって、人を見下げるような人間は、最低だ。本来平等であるはずの人間を、自分の価値観《かちかん》で上だ、下だと決めつけるのは、心が育っていない人ということだ。

先生はこれまで何度もたけお君に話してきたけど、学ぶことの本来の目的は、「人間として、いかに生きていくべきかを知る」ことだ。たけお君は、ちょっと点数が上がったくらいで、今までライバルだと思ってきた友達のことを見下げてしまった。これから先も、他人のことを見下げながら生きていくのかい？

本当に心が強い人は、人を見下したりしない。「人には優《やさ》しく、自分には厳《きび》しく」正しいことをやり続けることが、心が強い人の生き方だ。

片川先生は以前たけお君から相談を受けた際、ライバルとは切磋琢磨し合える関係であり、お互いが認め合える必要があるって伝えたよね。きっと今のたけお君の態度を見ると、竜介君は「ちょっと点数が上がったくらいで、いい気になりやがって」って思うんじゃないかな。そんな関係、お互いに認め合っていると言えるかな？

竜介君が頑張っているのに点数が伸び悩んでいるのなら、たけお君が勉強を教えてあげたらいいじゃないか。

たけお君は以前、こう言ったよね。「国語や算数だけできていても、人格《じんかく》ができていなければいけないということなんですね」今のたけお君は、人格ができているかな？自分を見つめ直して欲しい。

自分は、自分自身との約束を守り続け、かつ困っている人には優しく手を差し伸べてあげる姿を見て、周りの人はたけお君のことを尊敬《そんけい》するんだと思うよ。

たけお君は、どんな人間を目指すのかな？

片川先生、ぼくは間違っていました。ちょっと点数が良くなったくらいで、いい気になっていました。ちょっと前まで、僕も竜介君と同じでした。どんなに頑張っても、努力が実らない。そんな自分が嫌いでした。でも、テストの点数だけ上がり、昔の自分の姿を忘れていました。竜介君と一緒に勉強をして、共に成長していきたいと思います。

たけお君、きみの気持ちはよく分かるよ。それだけ、人格を高めることは難しいことなんだ。

実は、大人《おとな》も一緒なんだ。テレビや本で知識《ちしき》だけ得《え》て、「自分は何でも知っているし、できる人間だ」と勘違《かんちが》いしている大人が多いんだよ。

だから、たけお君には頭でっかちの人ではなく、しっかりとした人格を持った、素晴らしい人に育って欲しいって、片川先生は心から願っているよ。

【ギモン⑮】【たけおくんのお兄さんからの相談】

弟のテストの点数が良くなりだして、ウザいです！

片川先生、弟（たけお）のテストの点数が良くなってきました。あいつは馬鹿だから、いくら勉強しても点数が悪くて、いつもお母さんに怒《おこ》られていました。でも最近はテストの点数が良くなりだして、お母さんもたけおに甘《あま》くなりました。

今まではたけおと比較《ひかく》され、俺が賢《かしこ》いって言われてきたのに、この間なんか、「たけおのように頑張りなさいよ」とお母さんに言われ、めちゃくちゃイライラしました。たけおのことが、ウザいです。


お兄さんにとって、たけお君はどんな存在なの？

自分と比較され、自分が褒《ほ》められるための比較対象《ひかくたいしょう》として、今まで考えてきたの？

だとしたら、今日から考えを変えないといけない。たけお君は、今まで勉強へのやる気が低かった。それは頭が悪いわけじゃなく、勉強が好きじゃなかったり、自分自身を認める気持ちが無《な》かったのが原因のようなんだ。もしかしたら、お兄さんと比較されるのが嫌でたまらず、勉強へのモチベーションが上がらなかったのかもしれない。

片川先生は、たけお君にちょっとだけアドバイスをした。勉強は、良い大学に入って良い会社に就職《しゅうしょく》するためにするのが目的でなく、人間として、いかに生きていくべきかを追求《ついきゅう》するためにするものだということ。また、自分自身と約束をし、それを一つずつ果たしていくことで、自分への自信が生まれること。すると、たけお君は「もっと学びたい」と言って、進んで勉強するようになったんだ。勉強をすることが、自分を変えるためのきっかけになると思ったのかも知れない。

たけお君のテストの点数が上がりだしたのは、たけお君自身の努力《どりょく》の成果《せいか》だ。その努力を認《みと》めないお兄さんは、どうかと思うよ。

あなたとたけお君は、この世《よ》にたった二人しかいない、かけがえのない兄弟だ。ものすごい確率で、二人は兄弟になったんだ。

そんな二人は、これから大人になり、人生の荒波《あらなみ》を経験することになる。どうしようもない困難《こんなん》が訪《おとず》れたとき、二人が力を合わせて、乗り越えていかなければならないんだ。

あなたは、たった一人の弟を、自分の命に代《か》えて守る自信はある？

あなたは、たった一人の弟の幸せを、自分の幸せのように喜ぶことができる？

今のあなたは、弟に嫉妬《しっと》しているんじゃないか？

もし、弟を嫉妬しているのであれば、「恥《は》ずかしい」と思ってほしい。

自分に揺るぎない自信がある人は、決して恥ずかしいことをしようとはしない。あなたにも、自分に自信を持ち、他の人に優しくできる人間に成長して欲しい。そして、弟のことをたった一人の宝物だと捉《とら》えられるようになってほしい。

これから、どんな兄弟に成長していくか、とても楽しみにしているよ。

片川先生、自分でも認めたくなかったけど、確実に弟に嫉妬していました。嫉妬って、嫌な感情ですよね。僕のテストの点数が最近伸び悩んでいて、むしゃくしゃしていたこともあるんです。

でも、片川先生が言うとおり、僕にとってたった一人の弟です。代わりはいません。弟を守るのが兄の役目だと、頭では理解しています。

これから長い時間がかかるかもしれないけど、必ずお互《たが》いを信頼《しんらい》できる最高の兄弟になっていきます。

第二章　ちなみさんのギモン

（ちなみさんの説明は十二ページをご覧ください。）

【ギモン⑯】明日生きる事が、辛いです！

私は、今いるこの場所が嫌なんです。親も好きじゃない。信用できる友達もクラスにいない。こんな自分だったら、生きている意味なんて無いんじゃないかって思います。それでも、生きないといけないですか？

ちなみさん、今日まで本当によく頑張って生きてきたね。

ちなみさんはこれまで、親のことを心の底では愛し、「いい親になってほしい。」って願ってきたのではないかな？

苦手なコミュニケーションも頑張って取りながら、友達と仲良くしようと、毎日努力してきたんじゃないかな。

世の中には、産まれてきてからずっと親の事が大好きな子供もいるし、友達作りに悩んだことのない子供もたくさんいるけど、そういう子供達は、ちなみさんのように努力しなくてもよかったんだ。そういう人に比べて、ちなみさんは本当に努力してきたよね。努力できるって、本当にすごいことだと思うよ。

ちなみさんは、親に愛されよう、友達と仲良くしようと、今日まで頑張ってきたけど、もう無理って思っているのでしょう。

片川先生も子供の頃、ちなみさんと同じようなことを思った経験があるんだ。

中学校の頃、いじめっ子に目をつけられ、辛い毎日を送っていたんだ。殴《なぐ》られる、蹴《け》られるはあたり前。髪を抜かれたり、女子の前で下着まで脱がされたこともあるんだ。

でも、そんな毎日を送っていることを、親には言えなかった。親に心配をかけたくないというより、いじめられているという事実を、自分で認めたくなかったんだ。

そして中学3年生で、片川先生はクラスで孤立《こりつ》したんだ。みんなにとって楽しみな運動会は、片川先生私にとって孤独と耐《た》える、辛い時間だったんだ。

また、父親と打ち解けられず、殴り合いの喧嘩《けんか》をしたこともあったんだ。


そんな経験をした片川先生から、ちなみさんに言いたいことは、「今が辛くても、必ず素晴らしい未来が待っている。だから、生ききろう。」ということだ。


この世界は、ちなみさんが想像している、何百倍も、何千倍も広いんだよ。今、ちなみさんの周りにいる人は、これからちなみさんが出会う数多くの人のうち、ほんの一部。たとえ、それが自分の親であっても、だよ。

今のちなみさんには、想像できないかもしれない。だからこそ、今まで行ったことのない場所に行って、空を見上げてほしい。そこで出会った人に、話しかけてみてほしい。

片川先生は小さい頃から、自分を見失うとパニックになることがあったんだ。大きな失敗をし、目の前が見えなくなった時、パニックになる発作《ほっさ》が出てしまうことがあった。そんな時、私は今まで行ったことのない場所に行き、一日中、空と海を見つめていたんだ。そして、そこで出会った、初対面の人と話したりしていた。そうすると、不思議と「どうしてこんな小さなこと、悩んでいたんだろう」って感じるようになったんだ。

そんな経験をしたことがある先生だからこそ、ちなみさんにも伝えたいことは、「辛かったら、今いる場所を少し離れてもいいんじゃない？」ってこと。

今苦い体験をしているちなみさんは、きっとこの先の人生で、どんなに辛いことがあっても、乗り越える力がある。もしかしたら、どんなに辛くても、それを乗り越えられる力をちなみさんがつけられるよう、神様がそういう環境を与えたのかもしれないね。だからこそ、今は少し休んでほしい。

まずは誰だって良いから、自分が思っていること、辛いことを話してほしい。親戚《しんせき》のおばちゃんだっていい。担任の先生だっていい。とにかく誰でもいいから、自分の心の内を話してほしい。周りの人がすぐ力になれるか分からないけど、少なくとも、一人で抱え続けるよりはずっといい。

たまには学校を休んで、一日中好きなことをやったっていい。Youtubeをずっと見てたっていい。

そして、今いる環境が辛ければ、今の環境を飛び出したって良いんだよ。ちなみさんの心の中には、「親の前では良い子でいないといけない」「学校に行き続けなければいけない」という考えがあるかもしれない。だけど、今はフリースクールだってあるし、家にいることが辛い子が相談できるところだってある。そういう選択をするのは、決して「逃げ」なんかじゃない。何より大切な、「命」を守るための選択だ。

命より大切なものはないんだよ。命を守るために、今いる場所を変えることくらい良いんだよ。勇気を出して一歩踏み出せば、ちなみさんの人生を懸《か》けて成し遂げたいこと、自分の命を燃やして輝かせることのできるものが、きっと見つかる。片川先生は断言するよ。

少し休んで、また気持ちが変化したら、その時に考えればいい！

【ギモン⑰】お父さんに、愛されていないんです！

片川先生、私の両親は私が幼稚園の時に離婚しました。そして小３の時、お母さんと、お母さんの彼氏の間に赤ちゃんができて、突然お母さんは再婚しました。新しいお父さんは、実の子供（私の妹）のことはめちゃくちゃ可愛がるけど、私には心の距離を取っていて、愛してくれていません。そんな姿を見ているお母さんも、知らん顔をしています。私は、家に居場所がないのです。

辛いことを話してくれてありがとう。

ちなみさんは今日まで、居場所がない家の中で、よく耐えてきたね。

ちなみさんの気持ちを想像すると、片川先生は悲しくて仕方がないよ。新しいお父さんとは気持ちが通じ合えず、実のお母さんは傍観《ぼうかん》するだけ。妹だけ愛される家の中で、孤独と戦ってきたんだね。

もしかしたら、ちなみさんは幼稚園の頃に離ればなれになった、実のお父さんのことが大好きだったのかもしれないね。

実は、ちなみさんのような境遇《きょうぐう》に置かれる子供達が、どんどん増えているんだ。日本全国で、ちなみさんのように、両親の都合によって、悲しい思い、辛い経験をしている子供達が、大勢いるんだ。

人間には、宿命《しゅくめい》と運命という2つがあるんだよ。宿命とは、変えられないこと。例えば、誰の子供として産まれるかや、避けることのできなかった病気とか。そして、運命とは変えられること。誰と結婚するかなど、ちなみさんがこれから歩む人生のことをいうんだ。

宿命は自分の力で変えることはできないけど、運命は、自分の力で変えることができるものなんだ。

ちなみさんにとっては、幼稚園の頃、実のお父さんを離れてしまうこと、小3で新しいお父さんや妹ができることなどが、ちなみさんの力では変えることのできない宿命だった。ちなみさんが逃げることができなかった宿命によって、ちなみさんが今悲しい思いをしているのかもしれない。

でも、これからの人生は、ちなみさんの力で変えることができるんだ！

でも、中3のちなみさんが、今すぐ家を出て行ったりすることは得策《とくさく》ではないかもしれない。すぐ家に戻されて、何の解決にもならないかもしれないからね。

もし新しいお父さんと気持ちが通じ合え、実のお父さん以上にちなみさんのことを愛してくれたら、どうだろう。もしちなみさんのお母さんが、ちなみさんを守るために行動してくれたらどうだろう。

そんな未来は、今は想像できないと思うけど、片川先生は、ちなみさんのこれからの行動によって、そんな未来が訪れるのではないかと感じているよ。

新しいお父さんは、どうしてちなみさんに距離を取っているんだろう。もしかしたら、思春期を迎えたちなみさんにどう接して良いか分からず、戸惑っているのかもしれない。

お母さんは、どうしてお父さんに何も言ってくれないんだろう。もしかしたら、新しいお父さんと喧嘩になって家を出て行かれたりしたら、ちなみさんにとって、再びお父さんのいない生活になってしまう。そんな未来に怯《おび》えているのではないかな。

もちろん、お父さん、お母さんのそんな姿ですら、ちなみさんにとっては情けないと思ってしまうよね。

でもね、大人って、ちなみさんが感じているより、ずっと未熟《みじゅく》なのだと思う。子供にどう接して良いか分からない、子育ては、何が正解なのか分からない、だけど、大人だから、「分からない」って素直に言えない。だから、分かったふりをしているだけなのかもしれない。

ちなみさんは、もう十五歳。未熟な人の気持ちも、想像できる年頃だと思う。「この人も、どうしていいのか分からないんだ」と、ちょっとお父さん、お母さんの気持ちを想像したらどうかな。

そして、ちなみさんの気持ちを、素直にぶつけてみてはどうかな？

お父さんに、「なんで妹ばっかり可愛がるの？ 私も妹と同じように愛して欲しい、寂しいんだよ」と気持ちをぶつけてみたらどうかな？

お母さんに対し、「なんで見て見ぬふりしているの？ 私がお父さんと距離があることを分かっているでしょう。妹ばかり可愛がられて、私は家に居場所がないんだよ」と、素直にちなみさんの気持ちを伝えてみてはどうかな？

子供からそんなことを言われて、無責任に逃げることはきっとないと思うし、もしそれでも解決しなければ、学校の先生とか、身近な大人に相談してみてほしい。ちなみさんの周りにいる大人は、本当の敵ではないはずだよ。

今の家族と出会うことは、ちなみさんにとって宿命だったかもしれない。でも、その人達がちなみさんにとってどんな家族になっていくのかは、ちなみさんのこれからの決断によって決まるんだ。

【ギモン⑱】学校に仲が良い友達がいません！

片川先生に言われたように、勇気を出して、新しいお父さんに私の気持ちをぶつけてみました。はじめはびっくりしていましたが、「ごめんね」と言ってもらえました。状況はすぐに変わってはいませんが、「お父さんも困っているんだ」と思えたことで、気持ちが楽になりました。これから時間をかけて、本物の親子になっていきたいと思います。

もう一つ悩みがあります。私は、クラスに仲が良い友達がほとんどいません。ちょっと話しかけるくらいの人はいますが、誰とも遊ばず、一人でいることが多いです。みんなが好きなアニメは、私は好きじゃないし、私はスマホを持っていないから、SNS仲間にもなれません。みんな、私とは性格が合わないんです。そして、私にはコミュニケーション能力がありません。

私、どうすれば良いですか。


勇気を出して、自分からお父さんに気持ちを伝えられたんだね。本当にすごいよ。これから、どれだけ時間がかかっても良い。これまでは、自分の力で変えられないって思ってただろうけど、あなたはもうほとんど大人なんだ。これから自分で考え、周りの人と相談しながら、ちなみさん自身の素晴らしい人生を作っていってほしい。

　そして、クラスに仲が良い友達がいないということだね。ちなみさんの相談に対して、片川先生は２つの方向から、言葉を伝えたいと思う。この２つは、全然違う意見のように感じるかもしれないけど、どちらも大事なことだと思うから、聞いてくれたら嬉しいな。

　まず一つ目。ちなみさんは、クラスの人達と性格が合わないと言ったよね。では、どのくらい、クラスの人のことを知っているんだろう。

　兄弟は何人いるか、ペットは飼っているか、好きな音楽は何か、全員分知っている？　そして、ちなみさんと同じ立場、ちなみさんと好きなものが一緒の人は、本当にいないのかな？

　また、クラスの人の良いところはどんなところだろう。全員分の良いところを知ってる？

　別に、クラスみんなのことを漏れなく知っていないといけないわけではないんだ。でも、友達作りに必要なことは、「相手に寄り添うこと」だと思う。相手の立場を理解し、もっと知ろうとすることが大切だ。そして、相手のことを好きになろうとすることも大切なんだ。

　そして、ちなみさんは「コミュニケーション能力がない」と言ったね。片川先生がちなみさんよりちょっと長く生きた経験から言えば、コミュニケーション能力がないと、友達ができないってことはないんだ。

確かに、誰とでも仲良くなれる人もいるけど、コミュニケーション能力が無くたって、必ず気が合う人と出会える。別に、全ての人と仲良くなる必要なんてないし、多くの人と仲良くなるより、信頼できるわずかな親友を作る方が、自分の人生にとって良いことだって沢山あるよ。

片川先生も、自分自身がコミュニケーション能力があると、思ったことはないよ。友達も、多くない方だと思う。だけど、気が合う数人の仲間といるだけで、先生はすごく幸せなんだ。

だから、他人と比較して、「自分は友達が少ない」と落ち込む必要なんて、無いんじゃないかな。心の中のちなみさんと相談して、自分が幸せだと思う選択をすればいいって、片川先生は思うよ。

そして二つ目。ちなみさんは、もう中学3年生。もうすぐ高校生になるんだよね。新しい友達を、今から作る必要はあるのかな。

これまで2年以上、中学校生活を送ってきたんだよね。それまでの交友関係はどうしていたのかな。

もし片川先生がちなみさんだったら、今更無理に仲の良い友達を作ろうとせず、「高校生になってからでいいや」と思うかもしれない。

「同じクラスに、仲の良い友達がいなければならない」ことはないと思う。だって、学校は学ぶ場なんだ。友達がいた方が居心地が良いかもしれない。だけど、友達がいなくても学ぶことはできるよね。

厳しい言い方かもしれないけど、片川先生もちなみさんと同じ立場だったからこそ、言えることだと思う。片川先生も中学3年生で、クラスに誰も友達がいなくなり、ただ孤独に耐える日々だったんだ。休み時間はずっと本を読み、運動会の日はテントの端でぼおっとしているような生活を送ったんだ。今思い出しても、辛い日々だったんだよ。でも、その期間もずっと勉強していたし、高校受験も頑張った。

高校になってからも、人間関係で悩むことはあったけど、新しい友達を作ることもできた。

つまり、今友達がいないからといって、将来ずっと友達がいないってことは、まずあり得ないってこと。これからの人生では、これまでに会ったことのない、たくさんの人と出会うことになるし、気の合う友達も、きっといるよ。今、たまたま気の合う友達がいないからといって、「学ぶ」という、中学生の役目を見失うことのないようにしてね。

今のちなみさんにとっては、クラスだけが自分の世界のように思えるかもしれないけど、その世界を飛び出したとき、全く新しい景色が見えてくるよ。だから、今の状況に一喜一憂《いっきいちゆう》するのではなく、今やるべき事をやりながら、どしっと構えていたらどうかな。

一匹狼《おおかみ》も、かっこいいよ。

でも、クラスのみんなに話しかけようと努力してもなかなか勇気が持てません。何だか、みんなが私のことを嫌っているような気がするんです。別に何か言ってくるわけじゃないんだけど、そんな気がして、そわそわします。私の悪口を言われているようで、怖いんです。

もし、本当に誰かがちなみさんの悪口を言っていることが分かったら、すぐに担任の先生や、周りの大人に相談するべきだと思う。そこでちなみさんが我慢する必要はないよ。

だけど、ちなみさんの悪口を言っているような気がするだけなんだったら、ちなみさんの思い違いかもしれない。

人間は誰も、人の目を気にする生き物なんだ。「あの人は私のことをどう思っているのだろう?」と、いつも気にしながら生きている人が多いんだ。

だけど、人の目なんか気にする必要はないと思うんだ。ちなみさんの人生は、ちなみさんのものなんだ。誰が何と思っていようと、そんなこと気にする必要はないんだ。

最近、ＳＮＳで人の悪口を言う人が本当に多いよね。芸能人だけでなく、職場の同僚の悪口をＳＮＳで投稿して、自分の気を晴らそうとする人が多い。

そんな人は、直接言う勇気のない、ただの臆病《おくびょう》者なんだ。

陰《かげ》でこそこそ悪口を言う人ほど、つまらない人はいないよ。片川先生は、そんな人に自分の大切な人生を振り回されたくないって思うんだ。陰で何と言われようが、ＳＮＳでどんなことを言われようが、自分の軸をしっかりと持って、自信を持っていくべきなんだ。

そんなに心が強くないって思うだろう。だけど、自分に対してもっと優しくなったら、「他人なんてどうでもいいや。自分を大切にしよう」って思える日が必ず来る。まずは、自分の良いところを紙に50個書いてみよう。

もしちなみさんが、他人の目が気にならなくなったら、ちなみさんが大人になっても、困ることが減るんじゃないかな。だって、世の中は、他人の目を気にしながら苦しんでいる人が多いんだから。

ちなみさんが、簡単には折れない強い心を持つことを、期待しているよ。

【ギモン⑲】【ちなみさんのお母さんからの相談】

娘が学校に行きたくないと言っています！

ちなみが、最近学校に行きたくないといって、数日間部屋に閉じこもっています。話しかけても、返事をしてくれません。今まで、学校へ行きたくないなんて言ったりしなかったので、てっきり毎日楽しく過ごしているのだと思っていました。もう、ちなみが何を考えているのか分からないです。このまま不登校になったら、どうすればいいんでしょうか。

ちなみさんは、どうして学校に行きたくないと思っているのか、お母さんは何か感じたことはありませんでしたか？

ちなみさんは、本当に今まで学校が楽しかったのでしょうか？ ちなみさんが仲が良い友達の名前を、お母さんは知っていますか？

今日まで、お母さんは、ちなみさんと心を通じ合わせて会話をしていましたか？

部屋に閉じこもっているということは、心の内を話せる人が、家の中にいないということじゃないんでしょうか。

申し訳ないですが、今日までお母さんが、ちなみさんと正面から向き合ってきたと、私は感じることができません。

ちなみさんが、これまで何の兆候もなく、突然学校に行きたくなくなったとは思えないのです。ちなみさんが学校から帰ってきたときの表情や、何気ない言葉に、お母さんは向き合ってきましたか？

思春期の子供、特に女の子は、扱いが非常に難しいです。自分が困っていること、苦しんでいることを、素直に打ち明けてくれないですよね。

だからといって、悩みがないわけではありません。どんな子供も、誰にもいえない悩み、苦しみを心に抱えたまま、日々生きているのです。

そう言えば、最近、友達の名前を聞いたことがありません。学校や塾が終わったら、まっすぐ家に帰ってきます。もしかしたら、友達関係の悩みかもしれません。

もっと、ちなみさんの話を聞いてあげてください。表情を見て、やさしく声をかけてあげてください。

素直に話せなくても、心の奥底には、「聞いてほしい。分かってほしい」という気持ちが必ずあるはずです。素直に話さない子供に正面から向き合い、心の内を引き出すのも、親の役目だと思います。

どうして、ちなみさんは、今まで家族に何も話さなかったのですかね？


私は、今の夫と再婚して、生まれた下の娘の世話に精一杯になり、ちなみのことは構ってやれなくなりました。夫は、思春期のちなみを、どう接して良いか戸惑っている様子で、夫と娘の会話はほぼありません。ちなみは、夫のことが好きではないいんじゃないですかね。


本当にそうなのでしょうか？　ちなみさんは、本当にお父さんが嫌いなのでしょうか？

本当は、新しいお父さんと仲良くなりたい、赤ちゃんだけでなく、自分にも向き合ってほしいと思っているのではないのでしょうか。

お母さんの話を聞いていると、どこか他人行儀で、ちなみさんや旦那さんのせいにしているように感じます。

ちなみさんにとって、自分が生まれた時からずっと一緒にいたのはお母さんだけですよね。ちなみさんが本当に分かってほしいのは、お母さんなのじゃないですか？

「お母さん、私の気持ちをどうして分かってくれないの？」って、ちなみさんが思っているのではないでしょうか？
もっと、ちなみさんに寄り添ってあげてください。旦那さんに遠慮することなく、ちなみさんと正面から向き合ってあげてください。すぐには心を開かなくても、お母さんが少しでもちなみさんの方を向くようになれば、ちなみさんは喜ぶと思いますよ。

もしかしたら、旦那や下の娘の世話を言い訳にして、私自身が、ちなみと向き合うのを避けていたのかもしれません。ちなみには、辛い思いをさせてしまったかもしれません。これからは、今までできなかった分も、しっかりちなみに向き合っていきたいと思います。

【ギモン⑳】彼氏ができました。はじめての彼氏なので、どうすれば良いか分かりません！

片川先生、実は、以前からずっと好きだった、隣《となり》のクラスの男の子に突然告白され、付き合うことになりました。前から時々話す仲だったのですが、突然だったのでびっくりしました。私、生まれてはじめて男性と付き合うんです。だから、どう接していけば分からないし、こんな私でいいのかと、申し訳ない気分になります。また、これからの二人の将来のことが不安で仕方ありません。私は、どうすればいいでしょうか？

まずは、おめでとうと言いたいね。ちなみさんがクラスで仲が良い友達がいないと言っていたから、てっきり学校でも誰も話す人がいないと思っていたんだ。隣のクラスにそんな人がいたとは驚いたよ。

ずっと相思相愛《そうしそうあい》だったんだね。本当に素晴らしいよ。

とは言いつつ、はじめて付き合うんだったら、色々と不安になるだろうね。

デートって、どんなところにいけば良いのか、連絡は、どのくらいの頻度《ひんど》で取れば良いのか、二人でどんな会話をしたら良いのかなど、不安に思うことはきりがないよね。

だけど、一番大切なのは、「相手を思いやる」ってことだと思う。

二人の姿に、答えなんてないんだ。これで良い、これはダメってことはない。二人で、理想の姿を作っていけば良いんだよ。

どんなことが起こっても、心の底に、「相手を思いやる気持ち」「相手を尊敬する気持ち」があれば、乗り越えていけると思う。

そして、将来のことなんか今は何も考えなくて良いと思うよ。だって、まだ中3なんだから。

今ある幸せを、じっくりと感じられれば良いって思うよ。

【ギモン㉑】仲が良かった友達が、距離をとるようになりました！

片川先生に言われたとおり、クラスの人に自分から話しかけたら、何人か友達ができました。全員と仲良くなることは難しいのですが、もうすぐ中学生も終わるし、今近くにいる友達を大切にしていきたいと思っています。だけど、最近その友達がよそよそしいんです。私のいないところでコソコソ話をしていたり、一緒に遊ぼうっていっても、忙しいから無理と言ってきたり…。多分、その子も私の彼氏のことが元々好きだったんだと思います。だけど私が付き合ったから、複雑な気持ちになったのかもしれません。私は、これからどうしていけば良いですか？


なるほど。よくある話だね。

ちなみさんの言うことが本当ならば、その友達はちなみさんに「嫉妬」しているんじゃないかな。

「大好きだった男の子が、ある日自分の友達の彼氏になった。悔しいし羨《うらや》ましい。だけどちなみさんのことも大切にしたい」その友達そんな複雑な気持ちなんだろうね。

ちなみさんは、彼氏のことも、友達のことも大切にしていきたいんだよね。

だったら、堂々としていればいいんじゃないかな？

ちなみさんは何も悪い事をしていない。ただ、自分が好きだった男の子と付き合っただけ。

だから、友達に遠慮《えんりょ》して彼氏と陰で会うとかしなくていいと思うよ。

前も言ったけど、嫉妬って、人間にとって最も嫌な感情なんだ。

嫉妬からは何も生まれない。だから、嫉妬している友達に対して何も遠慮する必要はないよ。

きっとその友達も、ちなみさんが付き合い始めたばかりだから複雑な心情になっているだけで、徐々に慣れてくると思う。友達にとっての課題なんだと思うよ。

だから、ちなみさんが友達に遠慮せず、堂々と彼氏といれば、いつか友達も理解してくれると思うよ。

大丈夫。あなたなら乗り越えていけるよ。

【ギモン㉒】自分の顔が嫌いです！

片川先生、私は自分の顔が好きではありません。小さい頃から、自分のことを美人とか、かわいいとか思ったことはありません。彼氏とよくデートをするのですが、一緒に写真を撮っても、自分の顔を隠したくなります。こんな顔で産んだ親を恨みます。

片川先生は男だから、自分の顔を気にする女性の心を全て理解できるわけではないけど、自分の容姿が気になる気持ちは、想像できるよ。特にちなみさんの年頃は、一番気になるんだ。ちなみさんには彼氏がいるから、余計に気になるよね。

だけど、「親を恨む」っていうのはどうかと思うよ。

ちなみさんの親は、どんな気持ちでちなみさんを育ててきたか分かるかい？

ちなみさんが、健やかに成長して欲しいって、心から願っていらっしゃったと思うよ。

ちなみさんが産まれるまで、ちなみさんがどんな顔をしているか、親にはほとんど分からない。産まれるまで、どんな顔で産まれるか楽しみにしていらっしゃったと思うし、産まれて、ようやくちなみさんの顔を見れた時の感動や嬉しさは、片川先生でも簡単に想像できるよ。

小さい頃は、危険ばかりだ。片川先生も小さい娘を育てているから分かるけど、子供は身の危険なんか考えず、動きたいままに動くんだそんな自由奔放《じゆうほんぽう》な子供を、親は細心の注意を払いながら育てているんだ。特に女の子の場合は、顔に傷をつけないように親は必死になるんだ。

「大丈夫かな？ 顔を傷つけたりしないかな？」って、ちなみさんのお母さんは心配でたまらなかったと想像するよ。

ちなみさんの親が、どれだけちなみさんのことを大切に育ててきたか、自分では考えたことがある？ ちなみさんは、それでも、「親を恨む」なんて言うかな？

片川先生も、偉そうに言っているけど、同じような経験があるんだ。

片川先生は髪に天然パーマがあって、それが嫌で嫌でたまらなかったんだ。20歳の頃、どうしても嫌になって、母親に電話で、「どうしてこんな髪に産んだの？」って愚痴《ぐち》をこぼしたことがあるんだ。そうしたら、母親は泣きながら、「死ぬまで詫《わ》びます」って言ったんだ。

その時、ようやく分かったんだ。こんなこと、絶対に言ってはいけないんだってことを。

ちなみさんが、自分の顔のことを気にする気持ちは想像できる。だけど、あなたの彼氏は、あなたの全てを好きになってくれたんだよね。まずはそのことに感謝をして、自分にもっと自信を持って欲しい。

まずは、「自分を産んでくれて、本当にありがとう！」ってお母さんに感謝することが大切だと思うよ。

【ギモン㉓】彼氏と意見が合いません！

片川先生、最近、彼氏とよく言い合いになります。

私の彼氏は野球をしているから、球場をデート場所にすることが多いんです。

私は野球に興味がないから、いつもつまらないです。逆に私は韓国系アイドルが好きだから、アイドルのショップに連れて行くのですが、全然興味をもってくれません。

私は彼氏との時間を大切にしたいのに、彼氏は私の前でよくスマホをいじります。腹が立ってイラッとしていると、「どうして怒ってるの？」って聞いてきます。「そんなこと、言わなくても気づいてよ」って思います。

彼氏と何気ない話をしていても、「結局何が言いたいの？」とか言ってきます。私はただ話したいだけなのに…。私と彼氏って、性格が合わない気がします。


ちなみさんの話を、「うんうん」って思いながら聞いていたよ。

どうしてかって？ 男性と女性の間に、よくある話だからだ。

男性と女性は、当然平等だ。でも、男性と女性は、全く違う生き物だと言ってもいい。

それは、男性と女性の脳の構造が違うからだと言われている。一般的に男性は左脳が発達していて、女性は右脳が発達していると言われている。また、ホルモンの関係でも、男性と女性は異なってくるんだ。

だから、男性と女性は、全く違う捉え方をすることがよくあるんだ。


例えば、ちなみさんはスマホをいじっている彼氏に「イラッとしていることを分かって欲しい」っていったけど、一般的に、女性は「察して欲しい」生き物で、男性は、「説明して欲しい」生き物なんだ。男性は、女性ほど察する力が高くないのかもしれない。だから、もしかしたら彼氏は、「何が嫌だったのか、説明してもらわないと分からないよ」と思っているのかもしれないよ。

また、彼氏は「結局何が言いたいの？」と言ってくるということだったけど、これは、男性は話の中に結論を求めるけど、女性は話す楽しさを大切にする傾向があるからなんだ。女性は「ただ共感して欲しい」から話すことが多いと思うんだけど、男性は、「解決して欲しいことがあるから相手は話している」と感じてしまうんだ。

だから、ちなみさんと彼氏の性格が合わないとかいう問題じゃなく、男性と女性の捉え方の違いだと思うんだ。

これは一生つきまとう問題なんだ。このことが原因で悩んでいる夫婦も大勢いるんだよ。だから、そのことを中3で知ることができたちなみさんは、幸運かもしれないよ。

これからの二人にとって大切なのは、「お互いを思いやる」ってことじゃないかな。彼氏は野球の試合にちなみさんを連れて行くって言っていたけど、「ちなみさんにも野球の良さを知って欲しい」という気持ちがあるのかもしれない。そのことを理解してあげて、ちなみさんも野球の良さを知る努力が必要かもしれないね。逆に彼氏は、ちなみさんが好きな韓国系アイドルの良さを知る努力が必要なのかもしれない。

そして、言いたいことがあったら、察してもらうことを求めるのではなく、きちんと話すことが大切だと思うよ。「私との時間を大切にして欲しいのに、いつもスマホばっかりいじっていると、私のことを大切にしてくれていないと思っちゃう」って、ちなみさんの素直な気持ちをぶつけたら良いんじゃないかな。きっと、彼氏はちなみさんの気持ちを分かってくれると思うよ。

前も言ったけど、二人の心の奥底に、「お互いを尊敬し、思いやる」気持ちがあれば、どんな困難でも乗り越えられると思うよ。

これからの二人が、素晴らしいパートナーになっていくことを、祈っているよ。

【ギモン㉔】受験に失敗しました！

先生、高校受験に失敗し、一番行きたい学校に進学することができませんでした。親は、「別の学校でも、きっと楽しいよ」と言いますが、心の中では、「学費が高くなった」とか、「なんで合格しないの」とか思っていると感じます。なんかもう、自分の人生が終わったように感じてしまいます。

まず、「受験お疲れ様」と言いたいな。遊びたいっていう気持ちを抑えて、一生懸命勉強してきたんだよね。

片川先生は、「別の学校でも楽しいよ」と軽々しく言う気持ちにはなれないな。だって、まだ入学してすらないんだもの。

第一志望の高校に行くために必死に努力してきた。それは間違いなくあなたの姿だよ。必死に努力してきたこと、そして、自分だけ合格できなかった悔しさ、そのことを、これからも決して忘れないでほしい。

その上で片川先生が伝えたいのは、「順風満帆《じゅんぷうまんぱん》で人生を歩んでいる人なんて、どこにもいない」ということ。片川先生は、有名企業の社長さんやお医者さん、スポーツ選手など、良い大学に進学したり、私達には考えられないほどのお金を持っている人が書いた本を読むことが多いんだけど、そういう人も、必ず挫折《ざせつ》を経験しているんだ。「受験に失敗した」「出世競争に負けた」「頼りにしていた人に騙《だま》された」「怪我をして試合に出られなくなった」など、例をあげたらきりがないほど、辛い経験をされて、乗り越えた人がほとんど。「よく途中で諦めずに、ここまで頑張ってこれましたね」と言いたくなるくらいなんだ。そういう人の人生を見て思うのは、「人生には追い風も向かい風もある。追い風の時には決して奢《おご》らず、向かい風の時は決して悲観したり、諦めないことが大切」だということ。

ちなみさんの長い人生の中で、今は強い向かい風が吹いている時だと思う。今は、この先の人生なんて想像できないと思うけど、長い人生からしたら、今回受験に失敗したことで全てが終わりなんて事は決してないし、むしろ後から振り返ってみれば、「あの時受験に失敗した経験があったから、今の自分がある」って心から思えるときが、必ずある。片川先生は断言するよ。

片川先生も高校時代、友達が遊んでいる時も、第一志望の大学に行くために必死に勉強したけど、結局第一志望の大学には合格できず、大きく人生が変わった。だけど、そのお陰で、今の仕事に就けたし、今の家族がいる。あの時合格できなかったことに、むしろ感謝しているくらいなんだ。

これから来る未来がどうなるかなんて、誰にも分からない。だけど、これだけは言える。「ちなみさんには、間違いなく素晴らしい人生が待っている」今はゆっくり休んで、前向きな気持ちが出てきたら、その時からまた立ち上がればいいと思うよ。

【ギモン㉕】彼氏に振られてしまいました！

片川先生、私の彼氏が、突然「別れよう」と言ってきて、私は振られてしまいました。実は、彼氏と同じ高校を受験したのですが、私は落ちたけど、彼氏は合格しました。春から、別々の地区の高校に行くことになったのが、原因かもしれません。高校受験には失敗し、大好きな彼氏には振られて、本当に嫌なことばかり起きます。私、何か悪い事をしたんでしょうか？　それとも、お祓《はら》いに行った方が良いのでしょうか？　もう生きる希望が持てません。


大好きな人とお別れすることになってしまい、本当に辛いよね。

ちなみさんの人生にとって、今は谷底の期間なのかもしれない。ちなみさんだけでなく、人間は誰でも、人生山あり谷ありで、ずっと良い状態ってこともないし、ずっと悪い状態ってこともないんだ。

谷底の期間には、次々と嫌なことが起こるものなんだ。だからといって、それが長く続くわけでは決してないんだ。今が谷底なら、これ以上落ちることはない。今は、じっと耐える時期だ。

世の中で活躍した偉人達の生き方を見てごらん。家族が突然亡くなったり、大きな借金を抱えたり、体が不自由になったりと、今の我々には想像できないほどの大きな苦しみが突然訪れることは、決して珍しくない。だけどそこで人生を諦めず、正面から向き合っていった人が、最後には大きな活躍をしているよね。

中国の古典「孟子《もうし》」に、こんな言葉が書かれている。

「天のまさに大任《たいにん》をこの人に降《くだ》さんとするや、必ずその心志《しんし》を苦しめ、その筋骨《きんこつ》を労《ろう》せしめ、その体膚《たいふ》を餓《う》えしめ、その身を空乏《くうぼう》にし、おこなうこと、そのなさんとする所に払乱《ふつらん》せしむ。」

「天（大自然、神様）が、大きな役目をその人に与えようとするとき、まずその人の心を苦しめるようなことを起こし、身体も苦しめ、金銭的な困難も引き起こし、その人が行おうとすること全てを失敗させて、その人のことを鍛えようとするものなのである」という意味なんだ。つまり、人生で大きな役目を果たす人ほど、大きな困難が起こるものであり、その困難に立ち向かって乗り越える力を付けさせられるってことだ。

また、こんな言葉も知ってる？「獅子《しし》はその子を千仞《せんじん》の谷に落とす。」

「大切な相手には、わざと試練を与えて成長させる」という意味だ。

もしかしたら、ちなみさんは将来、歴史に名を残すような大きな偉業を成し遂げるかもしれない。そんな人になれるよう、神様が、わざと困難をいくつも同時に与え、それを乗り越えられる力を付けさせようとしているのかも知れない。

よく、ピンチはチャンスというよね。この前も言ったけど、今のちなみさんにとって、行きたい高校に行けず、別の高校に行くことで、ちなみさんの人生に大きな花が咲くきっかけになるかもしれない。大好きな彼氏と別れることで、もっと良い人、将来まで共にする人とこれから出会うチャンスを与えられたのかも知れない。

所詮《しょせん》、人間は未来のことが見えないから、何が正解で、何が失敗なのか、分からないんだ。だから、今ちなみさんに起きている数々の辛いことだって、ちなみさんの人生を飛躍させるきっかけになっているのかもしれない。

だから、起こった事に一喜一憂せず、強い心を持って、困難を乗り越えて欲しい。自分が成長するチャンスなんだと考えて欲しい。

片川先生にだって、ちなみさんの人生がこれからどうなっていくのかなんて、決して分からない。だけど、間違いなく言えるのは、「ちなみさんの人生はこれから素晴らしいものになっていく」ということ。少し休んだら、また前を向いて、歩き出してほしい。


片川先生、今はすぐに立ち直れないけど、少し休んだら、また前を向いて歩き始めたいと思います。そして、彼氏が私を振ったことを後悔するくらい、心身共に魅力的な女性に成長します。

【ギモン㉖】何の仕事にも就《つ》きたくありません！

そろそろ将来何の仕事に就きたいか、真剣に考えるように担任の先生に言われました。だけど、私は何の仕事にも就きたくありません。お金のために自分の時間を費やす人生なんて嫌です。

ちなみさんがそう思うってことは、仕事＝お金を稼ぐためのことでしかないと思っているんだね。

片川先生は、そうは思っていないんだ。

仕事とは、自分の夢や志を実現でき、世の中に役立てる素晴らしいことなんだ。片川先生は、以前は市役所で働いていたんだ。やりがいもあったし、給料もそこそこいただいていたから、働く環境に対して言いたいことはなかったんだ。だけど、「次世代を生きる子供達を育てていきたい！」という片川先生の夢は、前の仕事では叶えられなかったんだ。当然だよね。

今は、毎日30人近くの子供達が、僕の話を真剣に聞いてくれる。とてもありがたい環境なんだ。片川先生は、仕事を通じて、夢を一つ叶えることができたんだ。

ちなみさんには、色んな人の話を聞いて欲しい。色んな本を読んで欲しい。

世の中で成功している人の多くは、仕事をただお金を得るための手段とは考えておらず、自分の夢や志を叶えるためのもの、そして世の中を良くしていけるものだと考えていることに、ちなみさんも気づけるはずなんだ。

ちなみさんが、本当にやりたいことは何かな？


私は、小さい頃から音楽が好きで、トランペットを吹くのが趣味なんです。だけど、本格的に学ぶためには、県外の高校に行かないといけません。お母さんにも、「音楽なんかやって、仕事にならないでしょ」と言われます。


トランペット、素晴らしいじゃないか。好きなことがあるって、素晴らしい事だよ。県外の高校に行かなくてはならないんだったら、行けば良い。そのために、お母さんとじっくり話し合えば良い。

お母さんは、「音楽は仕事にならない」と思っていらっしゃるようだけど、それはお母さんの考えであって、そうではないと考えている人も大勢いる。実際に、一生音楽の道に進む人も大勢いる。

お母さんとちなみさんの考えが違っているのだったら、とことん話し合えば良い。

ちなみさんは、もう中学3年生なんだ。いつまでもお母さんの枠に囚《とら》われて生きる必要なんかないんだよ。

社会は広い。ちなみさんがこれまで想像もできなかった世界が広がっているんだ。今のちなみさんにとっては、家族が全て、今の学校の人間関係が全てって思っているかもしれないけど、決してそんなことはないんだよ。

今は、ちなみさんが、本当にやりたいことを追い求めることができる時代なんだ。たとえ県外に行く必要があったって、自分と真正面から向き合って、実現したいことを追い求めていったら良いと思うよ。

そして、片川先生からのお願いだ。もし自分の夢が実現できたら、自分が生まれ育ったこの町に恩返しをすることを、忘れないで欲しい。

メジャーリーガーの大谷翔平は、高校生の頃に書いた人生計画に、「59歳になったらふるさとの岩手に帰ってきて、リトルリーグの監督になる」という目標を書いたんだ。それは、ふるさとへ貢献したいっていう思いからなんだ。

ちなみさんをここまで育ててくれたのは、この町の人々、この町の自然だ。その恩を決して忘れないでほしい。

もちろん、ふるさとに帰ることだけが恩返しの仕方ではない。自分なりに考えて、どうやったらふるさとに恩返しができるか、考えて欲しい。これが片川先生の願いなんだよ。

【ギモン㉗】どうしたら幸せになれますか？

片川先生、私は幸せになりたいのですが、どうしても自分が幸せだと感じることができません。毎日生きていても、幸せだと思うことが起きません。ただ平凡な日々が続いていくだけです。どうしたら幸せになることができるでしょうか？

今ちなみさんが言ったことは、日本人の多くが思っていることじゃないかな？大人でも子供でも一緒だ。平凡な毎日が過ぎていって、特別幸せだとか、嬉しいと思えるような出来事がない。未来にも希望が持てない人も多いだろうね。

この前、外食をしていたら、隣に座っていた女性二人が話していた内容が聞こえてきたんだ。「毎日つまんない。何か良いことはないかなー」って。それだけ、人々は楽しいことや嬉しいことを求めているのかもしれないね。

ところで、ちなみさんは幸せで有名な国って知っているかい？

それは、ブータンっていう国なんだ。面積は日本の九州と同じほどで、人口はたったの77万人ほど。中国とインドの間にある、とても小さな国なんだ。だけど、世界の中でも有数の「幸せな国」として知られているんだ。国民の多くが、「自分達は幸せだ」と感じている。

どれだけお金持ちな国なんだ？って思うよね。だけど、ＧＤＰ（国内総生産）は日本の２０００分の１ほどしかなく、ＧＤＰランキングでは世界の中で１６３位（令和５年）と、かなり低いんだ。日本は３位だから、お金で比較したら、日本の比べものにならないよね。

では、どうして幸せな国といわれているのだろう。それは、ブータンの人々にとって、お金よりも、家族や地域の人との絆や、豊かな自然との関わりを大事にしていて、それが幸せと結びついていると考えているからなんだ。

そして、何より重要なのは、「足るを知る」という考え方が国民に広く根付いているということだ。「足るを知る」とは、自分が既に幸せであることを十分認識して、現状に満足しているという意味だ。

ブータン人の多くは、「雨風をしのげる家があり、食べるものがあり、家族がいるから幸せだ」と考えているんだって。たったそれだけで、幸せだと感じれるということだよ。

ブータンの人々から学べることとは、「幸せは自分の心が決める」ということだ。

ちなみさんには、学校が終わったら帰る家がちゃんとあるよね。食べるものがなくて困るって事はないよね。そして、大切な家族がいるよね。たったそれだけで、ブータンの人々にとっては、最高に幸せなんだ。

もし日本が戦争状態だったら、大切な家族と離ればなれになったり、住む家がないかもしれない。もし家族に仕事がなかったら、今日夜食べるご飯もないかもしれない。そう考えると、今のちなみさんはとても幸せだっていうことなんだよ。そして多くの日本人も、幸せな日々を送れているんだ。

ではどうして、日本人の多くは、幸せと感じることができないんだろう。それは、「他人と比較してしまうから」だと思うんだ。お金持ちが優雅な生活をしていたり、若いのに会社の社長になっている人を見たりすると、「どうして自分はあんなになれないんだろう」と落ち込んでしまう。友達にかっこいい彼氏がいたり、友達が第一志望の高校に簡単に合格すると、「何であの子があんなに良い思いをするんだろう」と嫉妬してしまう。それだと、幸せを感じれないよね。

大事なことは、人と比べるんじゃなく、「自分はどう感じるか」ってことだと思うよ。

片川先生、よく分かりました。私は、今までずっと他の人と比較していました。だから幸せを感じることができなかったのですね。他に、幸せになる方法はありますか？

まずは、今のちなみさんの環境に、「ありがとう」って思うことが大切だよ。毎日夜遅くまで働いてくれるお父さんにありがとう。毎日ご飯を作ってくれ、自分を理解しようと努力してくれるお母さんにありがとう。そしていつもかわいい笑顔を見せてくれる妹に、ありがとうと思うことが第一歩かな。学校の友達や、関わっている人全員、また家や教科書などの物に対しても、ありがとうと思うことができれば、幸せにだいぶん近づくと思うよ。

次に、「喜ばれる人」になることだ。「自分は幸せだ」と考えている人の多くは、自分が他人に何かをしてあげて、その人が喜ぶと、まるで自分に良いことがあったかのように喜ぶんだ。「ありがとう」の一言で嬉しくなれる人が、幸せになれる人の共通点だと思うよ。

他人に何かをしてあげるっていうのは、自分が損をしているように感じることもある。だけど、後から考えてみれば、「あの人にしてあげたことで、自分が今幸せになれているんだ」と感じれることが、よくあるんだ。数年前に大流行した、鬼を倒していくアニメでも、主人公が「人のためにすることは結局、巡り巡って自分のためにもなっているものなんだ」って言っていたよね。

ちなみさんの幸せは、ちなみさんのすぐ近くに訪れていると思うよ。

第三章　たけお君・ちなみさん・片川先生の対談

【ギモン㉘】人生の目的って、何ですか？

たけお君：僕の友達の陸君が、「人生なんか一度きりなんだから、何も考えず、好きに楽しめばいい」って言っていました。片川先生はどう思いますか？

片川先生：自分の思い通りの人生になれば、素晴《すば》らしいと思うよ。

ちなみさん：最近、何のために生きないといけないかが、分からなくなってきちゃって…。片川先生は、人生の目的って、何だと思いますか？

片川先生：それを読み解《と》くには、自然界《しぜんかい》の法則《ほうそく》に目を向ける必要があると思っているんだ。

突然《とつぜん》だけど、ちなみさんは、どんな生物にも避《さ》けることができない法則って何だと思う？

ちなみさん：えっ？ 絶対にいつか死ぬってことですか？

片川先生：その通り。どんなお金持ちだって、一般庶民《いっぱんしょみん》だって、いつか必ず死ぬ。人間だろうが、他の動物だろうが、それは一緒《いっしょ》だよね。このように、自然界には法則があるんだ。人間も自然界の一部だから、その法則に従《したが》って生きているんだ。

たけお君：何だか、哲学《てつがく》っぽくなってきましたね。

片川先生：そんなに難しく考えなくていいよ。ごく当たり前のことを話しているだけだから。

さて、人間の体に目を向けていこう。人間は、無数《むすう》の細胞《さいぼう》が組み合わさってできているんだ。その数、体重１kgあたり、何と１兆個！

たけお君：僕の体重は35kgだから…、35兆個？ すごい数ですね。

片川先生：途方もない数の細胞の一つ一つが生き続け、それぞれの役割《やくわり》を果《は》たしながら、私達の体はできているんだ。髪《かみ》は髪を構成《こうせい》する細胞、歯《は》は歯を構成する細胞によってできているんだ。さて、髪は何のためにあると思う？

ちなみさん：頭を守るためですか？

片川先生：そうだね。つまり、自分自身である髪の寿命《じゅみょう》を延《の》ばすためでなく、頭を守るために、一生懸命《けんめい》自分の役割を果たしているんだ。

たけお君：でも髪って、いずれ切られますよね。頭を守るために散々《さんざん》働《はたら》いたのに、最後切られて終わりって、髪の細胞はなんだか可哀想《かわいそう》ですね。

片川先生：それが、髪の細胞になるってことなんだ。ではたけお君、歯は何のためにあるのかな？

たけお君：えっ、食物をかみ砕《くだ》くためですか？

片川先生：そうだよね。食物をそのまま飲み込んだら喉《のど》に詰《つ》まっちゃうし、胃にかかる負担《ふたん》が大きくなる。つまり歯の細胞は、自分達とは別の、喉や胃《い》の負担を軽くするために、一生懸命歯の役割を果たしているんだ。

これらのことから、何が言えると思う？

ちなみさん：体の細胞は、自分達のためではなく、他の部分のために働いているってことですか？

片川先生：その通り。これが、自然界の法則だと思うんだ。ということは、自然界の法則に則《のっと》った人間の生き方って、どんなものだと思う？

たけお君：自分のためだけじゃなく、人のために生きるってことですか？

片川先生：片川先生はそう思うんだ。体を作っている無数の細胞は一生懸命他のもののために働いているのに、その細胞に生かされている私達が自分勝手な生き方をするのは、自然の法則に反していると思うんだ。

ちなみさん：そう言われると、確かにそうかも知れないですね。

片川先生：一方、自分達のためだけに生き続ける細胞もあるんだけど、何か知ってる？

たけお君：分かりません。

片川先生：それは、がん細胞なんだ。がん細胞は、他の細胞を殺しながら、自分達の細胞が大きくなるためだけに生き続ける。その結果、体の主である人間も亡くなってしまい、がん細胞自身も人間と共に死んでしまうことがあるんだ。つまり、自分のためだけに生き続けるのは、自然の法則に反しているっていることを表していると思うんだ。

たけお君：片川先生が言っていることはなんとなく分かりましたが、もっと簡単に考えたいです。どうして、自分勝手に生きてはいけないんですか？

片川先生：さっき、人間はいつか必ず死ぬっていったよね。たけお君が死ぬのなんかずっと先だと思うけど、たけお君が死ぬ間際《まぎわ》、どんなことを考えると思う？

たけお君：うーん、考えてもみませんでした。だけど、後悔せず生きれたかってことだと思います。

片川先生：そうだよね。つまり、後悔のないように生きる事が大事だ。片川先生にとっては、もちろん自分のことを大切にしながら生きるのが大前提だけど、せっかく人間として、日本人として生まれたのだから、人の役に立つことをする人生だったら、死ぬ間際にも後悔せず死ぬことができると思うんだ。

ちなみさん：自分がいつか死ぬって、分かりきったことなのに、死ぬ間際の事なんて考えたことがありませんでした。

片川先生：もちろん、死ぬことなど意識《いしき》せずに生きれたら良いけど、人間として生まれた以上、それは避けられないよね。だから、死ぬ間際に後悔しない生き方っていうのをいつも意識しながら生きることが、人生の目的といってもいいかもしれない。

ちなみさん：私は、死ぬ間際は、「大好きなお母さんを助けられたな」って自分自身で納得したいと思います。

たけお君：僕はやっぱり楽しい人生が良いけど、たくさんの人に喜んでもらうことをしたいなって思います。

片川先生：そうだよね。二人の話を聞いていると、やっぱり心の奥底には、「誰かのために役に立ちたい」っていう気持ちがあるね。今の時代、生きる事に目的を見いだせず、迷《まよ》っている人が大勢《おおぜい》いるんだけど、「いつ死ぬか分からない人生で、絶対にやり遂《と》げたいこと」を意識することができたら、少しは生き方が変わるんじゃないかなって思うんだ。

たけお君：僕は今日まで、自分がいつか死ぬなんて、考えずに生きてきました。いつか死ぬって思ったら、例えこの先長い人生だとしても、無駄《むだ》にしたらもったいないって思いますよね。僕の友達の陸君には、「その生き方で、死ぬ間際に後悔しない？」って聞いてみようと思います。陸君は、「遊んで暮らせたらいい」とか言っていたけど、決して自分が幸せだったら人の迷惑になってもいいとかは思っていないと思います。「死ぬまでにやりたいことってないの？」とか、「家族のためにやりたいことはないの？」っていう言い方で、もう一度話をしてみようと思います。

【ギモン㉙】天皇《てんのう》って、何をされているのですか？

たけお君：学校で、天皇について学びました。本格的《ほんかくてき》には6年生の社会で勉強するらしいんだけど、天皇は日本の象徴《しょうちょう》っていうことは教えてもらいました。でも政治を動かす力はお持ちではないのですね。いまいち、天皇の役割が分かりませんでした。

ちなみさん：私も同じ意見です。東日本大震災の時、被災者《ひさいしゃ》のお見舞《みま》いに行かれたのはテレビで見ましたが、実際に政治を動かしてはいらっしゃらないですよね。他の国には天皇制ってないと思うんですが、天皇という制度《せいど》は本当に必要なのでしょうか。

片川先生：二人が今言った質問は、日本人の多くが感じていることかもしれないね。天皇陛下《へいか》が我々国民の前にお出ましになるのは限《かぎ》られた場が多いので、普段の天皇陛下の生活や仕事は想像できないよね。

また、ちなみさんは、「天皇という制度が本当に必要なのか？」と言ったけど、片川先生も、昔そのように思ったことがあるんだ。総理大臣がいて国会があったら政治が決まっていくのだから、天皇という存在は何のためにあるのだろうと。

しかし、今だからこそ、そんな昔の自分に腹が立つんだ。どうしてかっていうと、日本に天皇という御存在があったからこそ、日本は国家をひっくり返すような大戦争もなく、ずっと続いてきたからだ。

たけお君：天皇がいらっしゃったから大戦争がなかった？　片川先生がおっしゃる意

味が全く分かりません。

片川先生：外国では、国を治めていた勢力《せいりょく》（王）と、それに立ち向かう勢力（市民など）が戦って大戦争になることが多くあったけど、日本では戦《いくさ》が起こっても、決して天皇を倒して、自分が日本のトップになろうと考える人はいなかったんだ。

ちなみさん：でも、豊臣秀吉は天下統一をしましたよね。

片川先生：豊臣秀吉は、日本を統治《とうち》する権力《けんりょく》は持ったけど、権威《けんい》はずっと天皇にあるんだ。

たけお君：権威？　権力？　意味が分かりません。

片川先生：権力とは、政治を動かす強い力のこと。今の日本は三権分立《さんけんぶんりつ》といって、国会、内閣、裁判所がそれぞれ独立した権力を持っていて、権力が一つに集中しないような仕組みになっているよね。でも世界では、王様が全ての権力を持つ時代が長く続いた。土地も、国民も、全て国王が所有し、政治を動かすのは王族だった国が多かったんだ。

　しかし、日本の天皇が、全ての権力を持つ時代は基本的になかったんだ。権威っていうのは、「国民全員から、国のトップとして尊敬《そんけい》される存在」であり、天皇はあくまで権威としての御存在なんだよ。だから、鎌倉時代には鎌倉幕府、江戸時代には江戸幕府に権力があったけど、天皇は日本の権威として、ずっといらっしゃったんだ。

ちなみさん：でも明治時代は、天皇に権力があったって聞きました。

片川先生：そこは今でも誤解している人が多いんだけど、明治時代の大日本帝国憲法《ていこくけんぽう》には、「天皇は国の元首《げんしゅ》であり、統治権を総攬《そうらん》（手にする）し、憲法の条規《じょうき》により行う」という趣旨《しゅし》が書かれている。つまり、天皇であっても、憲法に書かれていないことを自分勝手に行うことはできないという立憲君主制《りっけんくんしゅせい》だったんだ。平安時代など、天皇が権力を持ち合わせた時代もあったけど、日本の長い歴史を鑑《かんが》みると、権威と権力は分離されているのが日本の姿なんだ。

たけお君：どういうことですか？

片川先生：日本を統治する権力を得るために争いはあったけど、どの勢力も、天皇のことを国の権威として考えていて、権威を奪《うば》おうとはしなかった。日本国民は、天皇を尊敬していたと考えても良いね。もし外国のように、王様が権威と権力の両方を持っていたら、王様を倒して全く新しい国を作るために、大戦争が起こる可能性があった。でも、権力を持ちたい人は多かったけど、権威まで取ろうとはしなかった（取る必要が無かった）。天皇を倒して自分が権威になろうとした人はいなかったから、国がひっくり返るような大戦争にならずに済んだんだ。

ちなみさん：どうして、天皇は国民から尊敬されているのですか。

片川先生：二人は、天皇のお仕事って何か知っているかい？

ちなみさん：えっ？災害の時、お見舞いをすることですか？

片川先生：もちろんそれもあるけど、天皇の一番大きなお仕事は「国民や国家の安泰《あんたい》のために祈《いの》る」ことなんだ。つまり、祈りが一番大切なお仕事なんだよ。
「祈りなんて…」と思わないでね。人間は、本当に大切な人、心の底から愛する人ができたとき、「この人がずっといてほしい」「この人のいる世界がずっと続いてほしい」と、祈ってしまうのが自然な感情だと思う。皆さんが大切な人のことを想いながら祈るのと同じく、天皇は、大切な存在である私たち国民が、平和に暮らせるように、日々祈っておられるんだ。
　天皇は、国民のことを、何と呼ばれているか知ってる？「大御宝《おおみたから》」つまり、宝物だという意味だ。

たけお君：宝？てっきり王様や天皇にとって、国民は自分を支えるための、ただの手足のような扱いだと考えていました。

片川先生：天皇は、一月一日の真夜中から、四方拝《しほうはい》という祈りをされるんだけど、そこでどんなことを祈られているか知ってる？
「この世で起こる様々な困難は、我が身を通してください。全て自分の身が引き受けますから、国民を守ってください」っていう内容の祈りをされているんだ。もし、国民を、自分の手足や所有物《しょゆうぶつ》のように考えてたら、そんな祈りをされるかな？

たけお君：絶対にしないですね。自分自身よりも、国民を大事にされているってことですものね。

片川先生：あなたや先生が生まれる、ずっとずっと前から、天皇は、国民を宝として大切にされてこられたんだ。国民もそれを分かっていたから、自分たちのことを宝だと思っていらっしゃる天皇を倒そうなんて、誰も思わなかったんだ。

　日本には祝日《しゅくじつ》がたくさんあるよね。その祝日の多くは、天皇が国民の幸せを祈られるお祭りの日なんだ。祝日を見ただけで、どれだけ天皇が国民を大切に考えてこられたかが分かるよね。

　そして、日本人は昔から、そんな天皇の想いに応《こた》え、良い国づくりをしようと努力してきた。日本には様々な有力者がいたけど、あの織田信長《おだのぶなが》や豊臣秀吉《とよとみひでよし》、徳川家康《とくがわいえやす》でさえ、天皇を倒すことは考えなかったんだ。天皇を倒し、日本をひっくり返すと、おびただしい人が亡くなる。それほどの大きな争いがなく、今日まで日本が続いてきたのは、天皇が国民を愛し、国民がその愛に応えようとしてきた結果といえるんじゃないかな。

　そして、今の憲法にも、天皇は日本の象徴と書かれている。まさに、天皇が今でも国民に愛され、海外の人からも尊敬されていることを表しているのだと片川先生は思っているよ。

ちなみさん：天皇は政治を動かす権力はお持ちでないけど、天皇がいらっしゃったから、海外では当たり前のように起きていた、国をひっくり返すような大きな戦争が起きなかったっていうことがよく分かりました。

【ギモン㉚】元号《げんごう》って、何のためにあるのですか？

片川先生：二人とも、今年は何年か知っているかな？

たけお君：２０２４年ですよね。

片川先生：そうだね。だけど、他にも言い方があるのは、知っているかな？

ちなみさん：えっと、令和６年です。

片川先生：そうだね。

たけお君：片川先生、令和なんて使っている人、ほとんどいないですよ。

片川先生：確かにそうだね。テレビではほとんど２０２４年って言っていて、最近では食べ物の賞味期限表示《しょうみきげんひょうじ》も２０２４年、あるいは、２４年って書いてあるよね。

たけお君：僕も普段《ふだん》令和なんて使いません。そもそも、なんで令和なんてあるのですか？２０２４年だけでいいじゃないですか。

片川先生：２０２４年っていう言い方は「西暦《せいれき》」であり、イエス・キリストが生まれたといわれる年から数えた年号なんだ。そして、令和６年っていう言い方は、「元号」なんだよ。

ちなみさん：令和の前の元号は平成でしたよね。私は平成生まれです。

片川先生：そのとおり。今の日本では、役所などの公共機関《こうきょうきかん》を除《のぞ》き、使いたい方で使えばよいことになっている。だから、みんな言いやすい２０２４年を使っているんだ。

だけど、片川先生は、元号も大切にしたいって思っているんだ。

たけお君：どうしてですか？

片川先生：元号は、今や日本にしか残っていない、素晴らしい文化だからだよ。

ちなみさん：日本にしかないのですか？

片川先生：元々、元号っていう制度は中国で生まれ、近隣諸国《きんりんしょこく》でも独自《どくじ》の元号を使い始めたんだ。日本では、今から１３００年近く前に、「大化《たいか》」という元号が作られ、それから１３００年近く、元号は使われ続けているんだ。

中国や韓国、ベトナム、台湾などでも元号は使われていたんだけど、今も元号の制度が続いているのは、日本だけなんだ。

何と、令和という元号は、大化から数えて２４８個目の元号なんだ。

たけお君：２４８個目？　多すぎてびっくりしました。

ちなみさん：どういう時に、元号は新しく変わるのですか？　あと、

たけお君：僕知っています。天皇が代わられる時ですよね。

片川先生：よく知っているね。今の日本では、天皇が御代替《みよが》わり（皇位継承《こういけいしょう》）をされる時だけ、元号が代わることになっている。

だけど、かつての日本では、災害や飢饉《ききん》など、悪い事が起こった時、元号を代えていたこともあったんだ。

たけお君：どうしてですか？

片川先生：実は、元号には一つ一つ意味や願いが込められているんだ。元号によって意味は違うけど、どの元号も「平和で良い世の中になってほしい」という願いが込められているんだ。

だけど、災害や飢饉など、良くないでき事が起こることもある。そんな時は、「元号が良くないから、悪い事が起こるんだ」と考え、元号を代えていたんだ。

それだけじゃないよ。珍《めずら》しい動物が発見されたり、奇跡《きせき》のような良いでき事が起こった時、それを祝って元号を代えることだってあったんだ。

ちなみさん：珍しい動物が発見されたら元号を代えるなんて、何だか面白いですね。令和には、どんな願いが込められているのですか？

片川先生：その前に、ちなみさんやたけお君が生まれた、平成の意味について教えるね。

平成より前の150年近く、江戸《えど》末期《まっき》から昭和まで、ずっと戦争が続いてきたんだ。特に、昭和にあった太平洋戦争（大東亜《だいとうあ》戦争）では、軍人が200万人以上、民間人も80万人以上が犠牲《ぎせい》になった。そんな時代を経《へ》て、次の代は国内、国外とも平和な世の中にしたいっていう願いを込めて、中国の「史記《しき》」という書物《しょもつ》の中から「平成」という言葉が選ばれたんだ。

ちなみさん：そんな願いが込められた平成という時代は、どんな時代だったのですか？

片川先生：元号に込められた願い通り、太平洋戦争ほどの大きな戦乱《せんらん》は起きず、比較的平和な時代になったんだ。平成が終わる時の、上皇陛下《じょうこうへいか》のお言葉『平成が戦争のない時代として終わろうとしていることに、心から安堵《あんど》しています』から、上皇陛下が心から安心されたことが伝わるよね。

たけお君：素晴らしいです。

片川先生：たけお君、令和という言葉は、何を基《もと》に作られているか知ってる？

たけお君：わからないです。

片川先生：奈良時代に作られた、万葉集《まんようしゅう》という歌集《かしゅう》は知っているよね。天皇から平民まで、身分の垣根《かきね》を越えて、たくさんの方が詠《よ》んだ歌が掲載《けいさい》されているものだ。この歌集のはじめに、大伴旅人《おおとものたびと》という人が詠んだ歌が掲載されているんだ。

　時は奈良時代、九州の太宰府《だざいふ》の長官《ちょうかん》だった大伴旅人は、正月に仲間と、楽しい宴会《えんかい》を開いたんだ。みんなでお酒を飲みながら楽しんでいると、綺麗《きれい》な月や美しい鳥が空に見えたり、かわいい蝶《ちょう》が庭に舞《ま》っていたりして、何とも美しい光景にみんな見とれたんだ。そこで、この光景を後世《こうせい》の人に伝えたいという思いから、みんなで和歌を詠むことにしたんだ。

　一番はじめに大伴旅人が詠んだ歌、「初春《しょしゅん》の令月《れいげつ》にして、気淑《きよ》く風和《かぜやわ》らぎ…」の中から2文字を選び、「令和」という元号を作ったんだ。

　美しい風景を後世に伝えるため、和歌をみんなで詠んでいくなんて、とても文化的だよね。

　このことから、令和という元号には、「人々が美しく心を寄せ合う中で、文化が生まれ育つ」（安倍元総理大臣の説明）という願いが込められているんだ。

ちなみさん：何だか、平和であることは前提《ぜんてい》として、更《さら》に一人ひとりが輝くような意味がありそうですね。

片川先生：それだけじゃないんだ。平成までの２４７の元号は全て、中国の古典から引用されているんだけど、令和ははじめて、日本の古典である万葉集から引用されたんだ。

　これは、「令和の時代は、日本が世界の真ん中で輝く時代になってほしい」という願いがこめられているんじゃないかって、片川先生は思っているよ。

たけお君：令和という元号に、そこまで深い意味が込められているなんて、想像もしていませんでした。

片川先生：実は、今からたった50年ほど前までは、元号（昭和）を使うのが当たり前で、西暦の方がむしろマイナーな存在だったんだ。

　だけど、元号が平成、令和と代わる度、「元号はコロコロ変わるから使いづらい」「グローバルな時代なのだから、日本にしかない元号より西暦の方が良い」などの理由で、どんどん元号が使われなくなってしまったんだ。

　片川先生はね、文化とは、次の時代に繋いでいく人がいないと、廃《すた》れて無くなってしまうものだと思っているんだ。もちろん西暦は使いやすいけど、だからといって、元号を使う人がほとんどいなくなってしまったら、他の国のように、日本も元号が途絶えてしまうかもしれない。あるいは、「元号って何？」ってみんなが思ってしまうほどマイナーな存在になってしまうかもしれない。

だからこそ、片川先生は元号を日々大切にして使っているんだ。

もちろん、どちらを使ってもいいんだよ。だけど、「自分の日々の行動が、次の時代を作る」っていう感覚は、何事においても持っておきながら、日々生きて欲しいんだ。

たけお君：自分の普段の行動が、次の時代を作るなんて、考えもしませんでした。僕も、西暦と併《あわ》せて、元号も積極的に使っていきたいです。

【ギモン㉛】ご先祖《せんぞ》様のことを尊敬《そんけい》できません。

ちなみさん：片川先生は、「ご先祖様は大切」って言いますが、私は、ご先祖様のことをすごいと思えません。私のひいお爺《じい》さんは戦争に行って亡くなったそうです。ひいお婆さんは、女手一つで、私のお爺さんを育てたそうです。

だけど、戦争って殺し合いじゃないですか。もしかしたら、ひいお爺さんは海外で人を殺していたかもしれない。そんなことをしたひいお爺さんを尊敬することが、私にはどうしてもできません。

片川先生：そう考える人が多いかもしれないね。

ちなみさん：ご先祖様の一人に、殺人をした人がいたかもしれないと思うと、気持ち悪くなります。

片川先生：じゃあ聞くけど、あなたより30代前（900年くらい前）まで遡《さかのぼ》ると、あなたのご先祖様は全部で何人くらいいると思う？

ちなみさん：お父さん、お母さん、お父さんの両親、お母さんの両親…1000人くらいですか？

片川先生：たけお君には以前話したけど、覚えてる？

たけお君：10億人です！

ちなみさん：10億人?!

片川先生：10億人なんて想像もできないけど、間違いなくそれだけの数のご先祖様がいるんだ。じゃあ、その10億人の中で、殺人や窃盗《せっとう》など、人として良くないことをした人が、絶対にいないと、言い切れる？
ちなみさん：10億人もいたら、絶対にそういう人もいますよね。
片川先生：先生もそうだと思う。10億人もいたら、本当に色んな人がいたと思うよ。じゃあ、10億人のうち、一人でもいなかったら、あなたはこの世に存在する？
ちなみさん：……いませんね。
片川先生：そうなんだよ。今この世に生きている私達は、名前も顔も知らない、数え切れないほど多くの人から、命を繋《つな》いでもらっているんだ。そんなことを普段意識している人なんてほとんどいないと思うけど、これが紛《まぎ》れもない事実なんだ。

数え切れないほどたくさんのご先祖様の中には、本当に色んな人がいたと思う。良い人もいれば、犯《おか》罪を犯したり、周りの人を傷つけたりした人だって、たくさんいるかもしれない。だけど、そういう人からも、命を繋いでもらっているという、大きな恩《おん》があるんだ。

命を繋ぐって、簡単な事じゃないと思う。片川先生も子育てをしているから、子供を育てていくって、本当に大変なことがよく分かる。今でさえそうなんだから、戦争があった時代、災害が多かった時代、医療《いりょう》が発達していなかった時代などは、子供が大人になるまで育てることが、文字通り命がけだったんじゃないかな。我々は、顔も名前も知らない大勢の人から、そういう大きな恩を受けているんだ。

ちなみさん：そうだったのですね。今まで考えてもみませんでした。

片川先生：現代は、葬式《そうしき》や法事も簡略化《かんりゃくか》されたり、墓参りにも行かない家も増えているみたいだから、ご先祖様のことを考える機会がないのも無理はない。だけど、そういう恩を受けて我々が生きていることを、時々思い出したらいいんじゃないかな。

　ちなみさんは、戦争に行った軍人さんのことを、どう思ってる？

ちなみさん：うーん、殺し合いに行っているんだから、悪い人だと思います。太平洋戦争のせいで、日本は焼け野原になったじゃないですか。

片川先生：確かにそうだね。戦争は、国同士の殺し合いだ。だから、どちらかが完全に正しければ、戦争は起こらない。ちなみさんが考えることも理解できるよ。

だけどね、戦争に行った多くの軍人さんは、どういう気持ちで、戦争に行ったと思う？

ちなみさん：日本を守りたいとか、天皇を守りたいとかじゃないですか。

片川先生：もちろんそれもあるよね。じゃあ、どうして日本を守りたいと思ったんだろう？

ちなみさん：そういうように洗脳《せんのう》されたからじゃないですか。

片川先生：ちなみさんは洗脳って言ったけど、戦争当時、軍人になれる人は、とっても頭が良い人ばかりだったんだ。その中でも特に頭が良かった人が行く海軍兵学校や陸軍士官学校は、東京大学と並ぶくらい優秀な人しか入れなかったと言われている。そんな人達が、簡単に洗脳なんてされるかな？
もちろん、日本を守るために、彼らは戦争に行ったんだ。だけど、その「日本」っていうのは、自分の大切な家族、生まれた時からお世話になってきた地域の人達がいる場所を指すんだ。自分にとって大切な人達が暮らしている場所を守りたいっていう気持ちは、おかしい感情なのかな？

たけお君：おかしくはないと思います。僕も、大切なお父さんやお母さんのことを守りたいって思うことがあります。

ちなみさん：だけど、そのために他の国と戦争するっていうのは、おかしいんじゃないですか？

片川先生：特に太平洋戦争（大東亜戦争）については、色んな捉え方をしている人がいるし、先生だって当時の人間じゃないから、知らないこともある。だけどね、「自分にとって大切な人を守るために、自分の命を差し出した人がいる」っていう事は、紛れもない事実なんだ。
特攻は知っているよね。爆弾を積んだ飛行機に乗って、敵に突っ込んでいった部隊だ。

ちなみさん：知っています。国のために命を捧《ささ》げるなんて、何だか怖いなって思っていました。

片川先生：そんなちなみさんに、紹介したい人がいる。初めて特攻で亡くなった、関《せき》行男《ゆきお》さん。何と23歳だった。その人の遺書《いしょ》を紹介するよ。

「僕は、天皇陛下とか日本帝国のために行くんじゃない。最愛のKA（奥様）のために行くんだ。（中略）どうだ素晴らしいだろう」

ちなみさん：…。全然洗脳なんかされていないですね。奥様を守るために死ぬっていう気持ちが伝わってきます。

片川先生：実は、片川先生のお爺さんも、戦争に行ったんだ。部下が15人くらいいてね、部下と一緒に戦いに行ったんだ。

たけお君：そうだったんですか？

片川先生：戦闘が激しくなった日、お爺さんは足を撃たれて、片足を失ったんだ。片足が無くなったお爺さんと一緒に、夜部下が陣地《じんち》に隠《かく》れていると、突然敵が襲《おそ》ってきたんだ。そこで入口を守っていた部下が二人、片川先生のお爺さんを守るために、戦闘に巻き込まれて亡くなってしまったんだ。

もし、亡くなった部下の方がお爺さんを守ってくれなかったら、既《すで》に片足が無いお爺さんは、助からなかったかもしれない。そうなったら、片川先生のお父さんも、片川先生も生まれなかったんだ。

ちなみさん：信じられないような話ですね。

片川先生：片川先生のお爺さんだけが、そんな体験をしたわけじゃない。あの戦争で、生き残ることがどれだけ大変だったかは、戦争に行った方の体験談を読めば分かる。片川先生だけじゃなく、今日本に住んでいる誰もが、色んな苦難を乗り越えてきたご先祖様、そしてご先祖様に関わった、顔も名前も知らない方達の恩を受けて、今生きているんだ。

ちなみさん、どう思うかな？

ちなみさん：今まで、戦争に行った人達のことを誤解していました。もちろん戦争はいけないことだけど、家族とか、愛する人を守りたいっていう気持ちで、兵隊さんは戦争に行ったなんて、思ってもいませんでした。

私も、ひいお爺さんが戦争から生きて帰って来なかったら、私は生まれることができなかったんですね。もしかしたら、顔も名前も知らない人が、ひいお爺さんを守ってくれたかもしれないのですね。

ひいお爺さんだって、戦争に行きたくなかったけど、行かなければならない状況だったのかもしれない。もしかしたら、奥さん（私のひいお婆さん）や子供（私のお爺さん）を守るために、戦争に行ったのかもしれない。そんなひいお爺さんを尊敬できないだなんて、何て馬鹿なことを言ったんだろう、私。

奇跡のような確率で、私まで繋がったこの命を、決して無駄にしてはいけないって思いました。

片川先生：そう思ってくれて、ひいお爺さんも喜んでいると思うよ。

【ギモン㉜】国歌と国旗《こっき》について教えてください。

片川先生：二人とも、日本の国歌は知ってる？
たけお君：「君が代」ですよね。音楽の授業で習いました。
片川先生：その通り。日本人なら誰もが知っているよね。
日本だけでなく、世界中どこの国にも、国歌があるんだ。ところで、国歌の歌詞の意味を知っているかい？
ちなみさん：意味？ 考えたこともありませんでした。
片川先生：「君が代」の意味の前に、アメリカの国歌の意味を教えよう。アメリカの国歌は、「星条旗《せいじょうき》」という歌で、約２００年前に起こった、アメリカとイギリスの戦争のことを歌っているんだ。４番まである長い歌詞だけど、ざっくりと言うと、「イギリスの射撃《しゃげき》に耐《た》えた砦《とりで》の上に、アメリカ国旗がたなびいた」という意味なんだ。
たけお君：イギリスとの戦争に勝ったから、アメリカができたことが伝わってきますね。他の国の国歌はどうなんですか？
片川先生：アメリカだけに限らず、世界の国歌は、戦争に関係する歌が多いんだ、それだけ、世界では昔からたくさんの戦争が行われてきたということなのだろうね。
ちなみさん：じゃあ君が代も、戦争に関係する歌詞なのですか？
片川先生：その前に、「君が代」の特徴《とくちょう》を教えよう。

「君が代」の特徴の１つ目は、「世界一短い歌詞」ということ。日本は２０００年以上続くと言われる、世界一長く続く国だけど、その国の国歌が世界一短いなんて、何だか面白いよね。

特徴の２つ目は、「１１００年以上前に書かれた歌詞」ということ。古今和歌集《こきんわかしゅう》という本に書かれているけど、古すぎて、誰がはじめに歌詞を作ったのか分からないほどなんだ。

たけお君：古すぎて、誰が作った歌詞か分からないなんて、何だかすごいですね。

片川先生：そして、特徴の３つ目は「愛する人のために作った、ラブレター」ということ。

ちなみさん：ラブレター？

片川先生：「君が代は　千代《ちよ》に八千代《やちよ》に」という歌詞で始まるんだけど、これは、「大好きな君がいる世界が　ずっとずっと続きますように」という意味なんだ。好きな人には、ずっといてもらいたい。そして、好きな人がいる世界が、ずっと長く続いてほしい。誰かを一度でも好きになったことがある人は、こんな感情を抱いたことがあるんじゃないかな。１０００年以上前の人も、今の人と同じように、好きな人ができ、その人のことを思って歌を作っていたんだね。

「さざれ石の　巌《いわお》となりて　苔《こけ》のむすまで」という歌詞は、「さざれ石が、大きな岩となって、苔が生えるくらいまで（長く続いてほしい）」という意味なんだ。さざれ石は、元々は小さい石だけど、長い年月を経て、小さい石がどんどんくっついて、大きな岩に変わっていくんだ。そして、最後には、苔が生えてくる。このような特徴を持つさざれ石をたとえにした、「さざれ石のように、長い長い間、あなたのいる世界がずっと続いてほしい」という、愛のメッセージなんだよ。

ちなみさん：「君が代」も、戦争の歌だと思っていたけど、何とラブレターだったなんてびっくりですし、素敵《すてき》です！　現代の歌も愛の歌が多いけど、昔から、好きな気持ちを歌にしていたんですね。

片川先生：国歌には、その国の特徴が現れると言われるんだ。日本は昔から、大切な人のことを大事に思う、利他《りた》（愛、和）の心が根付いていたのではないかな。

片川先生：次に、日本の国旗といえば？

たけお君：日の丸です。

片川先生：そう、日の丸だよね。これも日本人なら誰でも知っているよね。では、真ん中の赤色の丸は、何をあらわしているのでしょう？

ちなみさん：うーん、太陽ですか？

片川先生：その通り。じゃあ、なぜ日本の国旗は太陽を描いているんだろう？

ちなみさん：分かりません。太陽が大事だから？

片川先生：ちなみさん、その通りです。もう二人は知っていると思うけど、世界には時差があって、国によって、今の時刻が異なるんだ。今は日本は朝の10時だけど、イギリスは真夜中の1時、何とアメリカ（ニューヨーク）は、昨日の夜8時なんだ。

場所によって時刻が全然異なるよね。その中でも、日本の時刻は世界の中で、比較的《ひかくてき》早いことが分かるよね。

　つまり、日本は、太陽が出てくるのが、世界の中で比較的早い場所にあるんだ。太陽は、東から昇《のぼ》り、西に沈《しず》むよね。日本と中国を比べると、日本の方が太陽が出てくる時刻が早く、日本から見たら、太陽が沈んでいく方向にあるのが中国だよね。このことを知っていた昔の偉人《いじん》、聖徳太子《しょうとくたいし》は、「日が出てくる国に住む私が、日が沈んでいく国に住むあなたに手紙を書きます」と手紙に書いたことがあるんだ。余談《よだん》になったけど、つまり、太陽の出てくる方角である東側にある日本は、とっても太陽を大切にしていたんだよ。これは、日本の神話に出てくる神様の中で一番有名な神様が、太陽の神様であるアマテラスであることからも分かるよね。

　実は、日の丸に似たデザインの国旗を持つ国が、２つあるんだ。パラオとバングラデシュっていう国だよ。

たけお君：どうして？　日本に似せたのですか？

片川先生：たけお君、大正解。そう言われていて、ちゃんと理由もあるんだ。

　パラオには、第二次世界大戦より前、日本人がたくさん住んでいて、日本人とパラオ人が共に暮らしていたんだ。日本人とパラオ人は、とっても仲がよかったそうだよ。日本はパラオに、学校や病院、道路など、生活に必要なものをたくさん作ったんだ。そして、第二次世界大戦が始まり、パラオも欧米《おうべい》からの攻撃対象《こうげきたいしょう》にされたけど、日本兵は文字通り命がけでパラオを守るために戦ったんだ。その結果、日本兵は約1万人が亡くなったけど、ペリリュー島に住んでいた、パラオ人約1000人は誰も死ななかったんだ。その後、一時的にパラオはアメリカに統治されるけど、平成6年（1994年）に独立を果たしたんだ。独立した時、国旗のデザインを決めることになったんだけど、自分たちを救ってくれた日本への感謝だったり、戦争に負けても復興して、豊かになった日本のようになりたいという気持ちから、日の丸に似せたデザインにしたそうだよ。ただし、真ん中の黄色い丸は、太陽でなく月を表していて、丸の位置も、中心から少しずれているんだ。どうしてだと思う？

ちなみさん：分からないです。

片川先生：これは、「日本と同じ太陽を採用したり、日本と同じ位置に丸をつけたら、日の丸をまるごと真似したようで、申し訳ない」という思いから、敢《あ》えてデザインを変えたと言われているんだ。パラオは、「日本という太陽に照らされて光る、月のような存在となろう」という、謙遜《けんそん》の気持ちによるものだとも言われているよ。

ちなみさん：日本とパラオの友情が表れているようですね。バングラデシュはどうなんですか？

片川先生：バングラデシュは、国旗制定時の大統領《だいとうりょう》が日本に憧《あこが》れて、このデザインにしたと言われているんだ。

他にも、日本の国旗は使われているんだよ。例えば、カンボジアの500リエル札には、日本の国旗と、橋が描かれているんだ。この橋は、日本がお金を出して、カンボジアに作られた橋なんだよ。カンボジアを流れるメコン川という大きな川を渡るために必要な橋を作ってくれた日本に対する感謝の気持ちを込めて、日本の国旗や橋をお札に入れたそうなんだ。

ちなみさん：日本のことをそんなふうに思ってくれる国があるのは、嬉《うれ》しいですね。

片川先生：明治3年に、フランスから、「日の丸のデザインを買いたい」という話が出てきたんだ。金額は、当時のお金で500万円、今のお金だと数兆円。この提案に対し、日本は日の丸をフランスへ売ったでしょうか。

たけお君：うーん、とんでもないお金だけど、日本にとって日の丸は大切だから、売らないと思います。

片川先生：そうなんだよ。日の丸は、日本にとって大切な旗だから、売らないって言ったんだ。当時の日本は、時代が新しくなったばかりで、お金がほとんどない状態だったんだ。そんな状況でも、大金に惑《まど》わされず、日本にとって大切な日の丸を守ったのは、本当にすごいことだよね。

このように凄《すご》い旗である日の丸だけど、今の時代は祝日になっても、ほとんどの家庭で掲《かか》げていないよね。他の国では、国にとって大切な日である祝日は、多くの家や店で国旗を掲げるんだ。片川先生は祝日になると、日の丸を自分の家に掲げるよ。いつか、日本の多くの家にも、国旗が掲げられることを祈っているよ。

【ギモン㉝】修身《しゅうしん》って何ですか。

たけお君：片川先生は、「修身が大切だ」って言いますよね。僕は、修身とか、身を修《おさ》めるとかっていう意味が分かりません。

片川先生：人間は、未完成のままこの世に生まれてくるって、片川先生は思っているんだ。「そんなことないよ。僕は生まれた時から完璧《かんぺき》な人間だ」って言う人もいるかもしれない。だけど、どんな立派《りっぱ》な人でも、生まれた時から完璧なんてことは、絶対にないんだ。例えるならば、人間は、「トゲがたくさん付いたボール」のような心で生まれてくるんだ。トゲがたくさん付いたボールが欲しいっていう人はいると思う？

ちなみさん：絶対にいませんね。トゲって何のことですか？

片川先生：人間は、良いところもたくさんあるけど、悪いところもたくさんあるんだ。人をうらやましく思ったり、人の物を盗《ぬす》んでやろうと思ったり、人を見下したり……。数えていたらきりがないんだ。

ちなみさんは、人の物を取ってはいけないっていうことは、生まれた時から知っていた？

ちなみさん：うーん、あんまり覚えていないけど、小さい頃、友達の人形が欲しくて、黙って盗んだ時、「取られた友達はどんなに悲しい思いをするか分かってる？」とお母さんに言われた記憶《きおく》があります。

片川先生：お母さんは素晴らしいね。今ちなみさんが言ったように、正しいことと、やってはいけないことを、初めから全部分かっている人間なんていない。成長する中で、たくさん失敗をしながら、学んでいくんだ。これが、「トゲが取れていく」ってことなんだ。

ちなみさん：なるほど！ 他人の悪口を言うとか、いじめたりするとか、そういう悪い心をなくしていくのが、修身なんですね。結構簡単です。

片川先生：そう思ってくれたら嬉しいけど、実は、大人になっても、修身ができていない人ってたくさんいるんだ。

自分が嫌いな人が、何か嫌な目にあったら、心の中で「ざまあみろ」って思ったり、SNSで、一人の人に対してみんなで悪口を書いたり、自分の子供と他の子供を比較して、「何であの家の子供は、大して努力もしていないのに頭が良いのよ！」と嫉妬《しっと》したり……。

たけお君：へえ。大人って、完璧な人ばかりだと思っていました。

片川先生：もちろん、そういう悪い思いは心の中でとどめておいて、口に出さないようにしている人が多い。（そうでない人もいるけど）だけど片川先生は、心の中が一番大切だと思っている。心の中で嫌なことを考えたりしているうちは、自分の身は修まっていないと思うんだ。

ちなみさん：それって、めちゃくちゃ難しいですよね。みんな、嫌いな人に直接悪口は言わなくても、心の中で思っていることなんて、たくさんありますよね。
片川先生：そうなんだ。それが人間だから、仕方ないっていう考え方もある。
先生だって、まだまだ身が修まっていないから、心の中で、嫌なことを考えることがよくある。だけど、そう思う度《たび》「自分はまだまだ修身ができていないんだな」って考えるようにしているんだ。
たけお君：どうして、片川先生は修身が一番大切だと思うのですか？
片川先生：人間にとって、心が一番大切なものだからだよ。人間は他の動物と違って、できることが多いよね。だから良いこともあるけど、反対に悪いことだってできちゃう。犯罪だって、戦争だって、全て人間の心から生まれるものなんだ。
だから、一番大切な心を美しくすることが、人間として生まれた我々がしなくちゃいけないことだと思う。生まれた時に持ってきたボールからトゲを取っていって、まあるいきれいなボールにしていくのが、人生なんだと思う。
ちなみさん：片川先生が言うことは分かったけど、まるで人間って、悪い生き物みたいですね。
片川先生：片川先生が、「トゲがついたボール」って言ったから、そのように思ったかもしれないけど、決してそんなことはないよ。別の言い方をすると、人間は、「ダイヤモンドの原石」をもって生まれてくると思うんだ。ダイヤモンドって、どうしてあんなに美しいか知っているかい？

ちなみさん：原石を磨《みが》いたら、光ってくるのですよね。

片川先生：その通り。人間はみんな、光り輝くダイヤモンドの原石を持ってこの世に生まれてくる。磨き方次第で、驚くほど美しいダイヤモンドが完成する。原石を磨くことこそが、修身であり、身を修めるってことなんだ。

たけお君：片川先生は以前、本学が何より大切だっておっしゃいましたが、修身が本学ですよね。修身が大切だってことが、よく分かりました。

【ギモン㉞】礼儀《れいぎ》やマナーって、何のためにあるのですか？

ちなみさん：片川先生、世の中には、守らなければならない礼儀やマナーってたくさんありますよね。朝の挨拶《あいさつ》は頭を下げて、大きな声でおはようございますと言うとか、正しい敬語を使うとか、電車の中では化粧《けしょう》をしないとか……

でも正直、礼儀やマナーって堅苦《かたぐる》しいし、面倒なんですよね。別に「です」「ます」だけ使って入れば、尊敬語や謙譲語《けんじょうご》を使わなくても意味は通ると思うし、電車の中で化粧が自由にできるようになったら、みんな時間を有効活用できると思うんです。

礼儀やマナーって、何のためにあるのですか？

片川先生：一言でいうと、「相手を大切にする」ためにあると思うよ。

ちなみさんは、朝先生と学校で会ったとき、先生が目線を逸《そ》らして、適当に「おはよーございまーす」って言われたら、良い気持ちになるかな？

ちなみさん：うーん、別に悪くはないけど、良い気持ちにはならないです。ちゃんと目を見て言ってよって思います。

片川先生：そうだよね。ということは、ちなみさんは、先生から大切にされていないって感じるということなんだ。

たけお君が学校で配布物を後ろに渡していくとき、前の席の子から、顔を見ずに片手で渡されるのと、たけお君の顔を見て両手で渡されるのでは、どちらが嬉しい？

たけお君：そりゃ、顔を見ながら両手で渡された方が、自分を大切にしてくれているなっていう気持ちになるから、嬉しいです。

片川先生：そうだよね。このように、動作一つ一つに対して相手を大切にするという意識を持つということが、「礼儀正しい」ということなんだ。「あなたを大切に思っていますよ」っていう気持ちを、動作で表すということなんだよ。

よく、礼儀の型を学ぶことがあると思うんだけど、一番大切なのは、相手を大切に思う心だ。だから、たとえ礼儀の型が良くても、心がこもっていなかったら、何の意味もないと思うよ。

だから、難しく考える必要なんてないんだ。例えば、クラスで、近くの人に悲しいことがあって泣いている友達もいたら、その傍《そば》で大声で笑ったり、泣いている理由をしつこく聞いたりすることって良いことかな？

ちなみさん：良くないと思います。だって、泣いている友達はそれらを望《のぞ》んでいないと思うからです。

片川先生：そうなんだよ。目の前の相手を本当に大切にしようと思ったら、どう行動すべきかは、自然と見えてくるよね。本当に相手のことを大切に思えたら、面倒なんていう気持ちはなくなると思うよ。

ちなみさんが最初に言った、「電車の中で化粧をする」っていうのが、なぜいけないか分かる？

ちなみさん：やっぱり、周りの人のことを大切に思わない行動だからです。本当は、顔を整えるのは公共の場ではなく、家ですることですもんね。

片川先生：ちなみさん、その通りだ。

最近、良いことと悪いことの区別がつかない人が多くて、電車の中でも平気で化粧をする人や、大声で騒《さわ》いだりする人がいるけど、先生は良くないと思うんだ。

家の中では、迷惑がかからなかったら許される行動でも、多くの人がいる場では許されないことがある。みんなで気持ちの良い空間を作りたいっていう気持ちさえあれば、難しいことを考える必要なく、自然と礼儀正しく、マナーが良い行動ができると思うよ。

たけお君：自分の姿を振り返って、良くないことは直して、良いところは伸ばすっていうことですか？

片川先生：その通り。常に自分を振り返って、「自分がしていることは正しいのかな？　相手のことを大切にできているかな？」って振り返ることが大事だ。そうすることで、あなたが生まれるときに持ってきたダイヤモンドの原石は、より一層光り輝くよ。

【ギモン㉟】古事記《こじき》には、何が書かれているのですか？

たけお君：片川先生、大人になるまでに読んでおいたらいい、おすすめの本ってありますか？
片川先生：たくさんあるけど、絶対に読んで欲しい本は、「古事記」だよ。
たけお君：古事記？ 聞いたことはあるけど、大昔に書かれた本ですよね。
片川先生：今から１３００年以上前に、天武天皇の指示により編纂《へんさん》された（作られた）、日本各地の神話、物語を集めた本だよ。
たけお君：昔の本だし、何だか難しそうだから、読む気もありませんでした。片川先生は、どうして古事記を読んだ方が良いって思うのですか？
片川先生：それぞれの国の神話《しんわ》、昔話《むかしばなし》には、その国の人々が大切にしてきた考え方（価値観《かちかん》）が書かれているんだ。有名なギリシャ神話には、古代のギリシャの人が大切にしてきた考え方が物語として書かれているんだ。古事記には、我々の祖先《そせん》が大切にしてきた考え方、捉《とら》え方がそのまま書かれているんだよ。我々のご先祖様が、物事をどう捉えてきたか、何を大切にしてきたかが、古事記を読めばすぐに分かる。何百年先の日本人にも読んでもらいたいと思っているんだ。
ちなみさん：でも、うちの宗教は仏教だから、神話は読む必要がないと思うのですが。
片川先生：そう勘違《かんちが》いしている人も多いんだけど、古事記は、宗教という概念《がいねん》で捉えるのではなく、我々の祖先に関係がある話と捉えた方が良いよ。

たけお君やちなみさんが住んでいる地域にも、昔から伝わっている物語ってあるよね。中には、現実にはありえないような伝説が伝わっていることもあるけど、それも含めて、地域に昔から生きていた人が大切にして、後世に伝えてきた話なんだよね。

古事記ができた1300年前ごろは、他の国との交流が盛んになり、「日本とはどういう国か」を海外の人達に伝える必要が生じた。また、各地に伝わっている物語がバラバラになっていて、このままでは大切な物語が後世の人々に伝わらない危険性があった。それに危機感を抱いた天武天皇《てんむてんのう》は、全国の神話、物語を集めて、一冊の本にすることを考えたんだ。

古事記には神様の話がたくさん出てくるけど、それだけ日本人は昔から、あらゆる自然を神様同然の存在として大切にしてきたということなんだ。古事記を読むということは、我々のご先祖様の考え方を知るってことなんだ。

たけお君：そうなんですね。古事記には、例えばどんなことが書かれているのですか？

片川先生：まず、この日本列島ができた頃の話から始まるよ。イザナギとイザナミという二柱（神様は、人でなく柱で数えます）が、この世のはじめての神様（天之御中主神《あめのみなかぬしのかみ》）から授けられた矛《ほこ》で海をかき混ぜると、おのごろ島という島ができたって書かれてある。おのごろ島は、兵庫県の淡路島《あわじしま》付近にある、沼島《ぬしま》だと言われているよ。

たけお君：どう考えてもおかしい話ですよね。日本列島は、火山噴火《ふんか》や地質変動《ちしつへんどう》でできたのですよね。
片川先生：もちろんそうなんだけど、最近の研究で分かったのは、日本列島の中でも、沼島の地質はかなり古いもの（およそ1億年前）なんだ。（R3・10・2 ブラタモリ（ＮＨＫ））しかも、沼島には、神様から授けられた矛といわれる岩（上立神岩《かみたてがみいわ》）もあるんだ。古代の人が、沼島を古い地質だと知っていたかどうかは分からないけど、沼島が特別な場所であり、そこにある岩に神秘さを感じたのは事実だよね。
　また、八岐大蛇《やまたのおろち》の話は知っているかな？八つの首と尾がある龍をスサノオという神が倒したら、尾から剣が出てきて、アマテラスに献上《けんじょう》した（差し上げた）という話だ。この話は出雲《いずも》地方（島根県）の話といわれているんだけど、出雲は昔、天皇が治めるヤマトとは別の国があって、途中からヤマトに統合されたと言われているんだ。出雲は昔から鉄作りが盛《さか》んだったことから、八岐大蛇の話は、「出雲の国がヤマトの国に服従《ふくじゅう》して、鉄剣を献上した」と解釈《かいしゃく》する人もいるんだ。また、八岐大蛇は、昔から氾濫《はんらん》が多く、多くの人を困らせていた斐伊川《ひいかわ》（島根県）のことを表しているという人もいるんだよ。
ちなみさん：作り話の中にも、科学的に正しいことや、日本の歴史的事実を反映《はんえい》したものがあるってことですね。
片川先生：そうなんだ。災害が戦争など、日本の昔話を、神様の話になぞらえて本にしているかと考えても良いかもしれないね。それだけじゃないよ。古事記は、日本最古のギャグ本なんだ。

たけお君：ギャグ？

片川先生：スサノオが宮殿を建てる新しい場所を探していたら、空気がきれいな「すがすがしい」場所があったから、この場所を「スガ（須賀）」と名付けたとか、「糞（大便）」が袴《はかま》（男性の服）に付いた場所だから、この場所を「くそはがま」と名付けたとか、とにかくギャグが多いんだ。きっと古代の人達も、大笑いをしながらこの本を読んだんじゃないかな。

たけお君：何だか面白そうですね。僕も読みたくなってきました。

片川先生：実は、古事記は大昔の言葉で書かれていたから、のちの時代の人々は誰も解読できなくなり、書かれた後1000年くらい、ほとんど読まれなかったと言われているんだ。江戸時代の立派な研究者である本居宣長《もとおりのりなが》が、古本屋で古事記を見つけ、「将来の日本人のために、この本を読めるようにしないといけない」という志を立て、何と35年もかかって、古事記を読めるように解読したんだ。本居宣長のおかげで、現代に生きる私達も、古事記を簡単に読めるんだよ。

ちなみさん：古事記を書いた人もすごいけど、35年もかかって、後世の人のために解読をした本居宣長さんもすごい人ですね。

片川先生：本居宣長の仕事（本業）はお医者さんなんだ。昼間は家族を養うためにお医者さんの仕事をこなし、夜に少しずつ古事記の解読を進めたんだ。

たけお君：古事記は難しい本だって思っていたけど、僕たちのご先祖様が大切にしてきた考え方、ユーモアが書かれているのですね。すぐに読んでみたいと思います。

（本居宣長について詳しくは１７６ページから説明しています）

【ギモン㊱】結婚って、コスパが悪くないですか？

たけお君：片川先生、最近、結婚をしない人が増えたって聞きました。結婚をしたら、自由がなくなるから、結婚をしない方が幸せだって考える人が多いそうですね。

ちなみさん：そうそう。好きになった人と運良く結婚したって、いつも仲が良いわけじゃないし、喧嘩《けんか》してもずっと一緒に住まないといけない。子供ができたら、自分の人生が子供の育児に振り回されてしまう。

片川先生：そうだね。最近は、人生を自由に生きたいから、結婚をしないという選択をする人が増えているよね。

ちなみさん：今の時代は女性だって働いてしっかりお金を稼《かせ》げる時代だから、無理に結婚しなくたって、生きていけます。子供がいなかったら、好きな時に遊んだり、自由に旅行ができるし、最高な人生を歩めるんじゃないかって思います。もちろん、好きな人と一緒に人生を送ったり、子供が欲しいっていう気持ちはあるけど、それだけのために色んな自由を犠牲《ぎせい》にするのは、コスパが悪いんじゃないかって思うんです。

片川先生：結婚をコスパの視点で考えたら、コスパが良いものではないと思う。今の時代は何でもコスパで考えてしまうので、ちなみさんがそのように考えるのも理解できるよ。

でもね、片川先生は「結婚には、コスパで考えること以上の大きな価値がある」って思っているんです。

たけお君やちなみさんの命は、どうして今ここにあるのだろう。当たり前のことだけど、あなた達のお父さんとお母さんが出会って結婚したからだよね。

今生きている人は、親やその上のご先祖様が、想像できないほど昔から命を繋いでくださったお陰で、今ここに命があるんだ。普段は、ほとんどの人がその事実を忘れて、あるいは意識をしないで生活をしている。だけど、今生きているどんな人でも、顔も名前も知らないご先祖様が、必死になって命を繋いでくださったという、ご恩を受けているんだ。

結婚して、子供を育てる。それは、決して楽なことや、楽しいことばかりではないと思う。色々な事情から、離婚という選択をしたり、不幸なことがあって結婚相手が亡くなってしまった方もいるかもしれない。二人のご先祖様は、どんなことがあっても、「命を繋ぐ」という大切なミッションを果たしてくださったから、今ここにたけお君やちなみさんがいるんだよ。

現代人は、命があることを当たり前のように生きているから、「ご先祖様のご恩」なんて言われてもピンとこないかもしれないけど、「命があることを当たり前と思わず、感謝の気持ちを持って欲しい」というのが、片川先生の気持ちなんだ。

ちなみさん：片川先生、ご先祖様のおかげで今の私がいるのは、よく分かりました。でも、これからの自分の人生をどう生きていくかを、自分の意思で決めていきたいんです。ご先祖様の恩に報いるだけが、自分の人生じゃないって思います。やっぱり、幸せにならないと、生きている意味がないんじゃないでしょうか。

片川先生：ちなみさん、その通り。片川先生も、人生が終わる時「幸せな人生だったな」と感じながら死んでいきたい。だからこそ、結婚という選択肢は、すばらしいものだと思っているよ。

人間は、必ず年をとっていく。片川先生も、自分がどんどん年をとっていくことに、悲しさや寂《さび》しさを感じることがたくさんあるんだ。でも、傍《そば》には、一緒に年をとってくれる、大切な人がいる。悲しいときに一緒に悲しんでくれ、楽しいときに一緒に楽しんでくれる人がいつも傍にいることは、素晴らしいことだと思っているよ。自分の人生を、好きになった人と一緒に過ごしていくことは、言葉では言い切れない良さがあると思うよ。

また、片川先生にもたくさんの欠点があるんだ。片付けが下手だったり、お酒を飲み過ぎてしまったりなど、至《いた》らぬことがたくさんあり、これまで随分《ずいぶん》、遠回りをした人生だったなって思う。片川先生が結婚をして7年、その間で、自分ができていないことを妻に色々言ってもらえて、少しずつ直すことができたんだよ。

片川先生は、「人生とは、自分の欠点を削《けず》っていきながら、よりよい自分を創っていく旅のようなもの」だと思っているよ。子供達には、「君たちは、体の中にダイヤモンドの原石をもらって生まれてくる。原石があるからダイヤモンドができるのだけど、原石のままでは光らない。これからの人生で色んな経験をしながら、原石を光らせる努力をして欲しい」と伝えているんだ。結婚は、自分が持っている原石を磨くには、素晴らしい機会だと思っている。

そして、結婚をすることで、今までの人生とは全く違った人生を歩めるのも、結婚の素晴らしさなんじゃないかな。片川先生は自分の子供が産まれてから、同じように育児を頑張るお父さん達と仲良くなれたり、親子連れで遊びに行く場所に行けるようになったんだ。時間に振り回されずに遊びに行ったり、お金を自分のためだけに使うことはできなくなったけど、「子供のために仕事をがんばろう」と思えるようになったのも、結婚をして、子供が産まれたからなんだ。何より、子供の笑顔を見られるっていう感動は、コスパという基準《きじゅん》では決して判断できないって思うよ。

もちろん、あなた達の人生なので、結婚するかしないかは、あなた達が決めること。一生懸命考えて、「結婚をしない」って判断することは、決して間違ったことではないと思うよ。しかし、「結婚は、自分の人生を幸せにできる、素晴らしいもの」ということを、先生が心から感じているよ。

ちなみさん：なるほど。私はいつもコスパで考える癖《くせ》があるけど、たとえ人生をコスパで考えたとしても、結婚には大きな価値があるのだなって思いました。

【ギモン㊲】親孝行《おやこうこう》をしたくなりました。どうすれば良いですか？

たけお君：片川先生の話を聞いていると、お父さん、お母さんに対して感謝ができるようになりました。

ちなみさん：私もです。何か親孝行をしたくなったのですが、今まで何もしてこなかったので、何をしたら良いか分かりません。誕生日にプレゼントをしてあげたら良いですかね？

片川先生：もちろんそれは嬉しいと思うよ。だけど、まず一番にして欲しいことがあるんだ。きっとご両親が、二人が生まれた日からずっと願っていることをすれば良いと思う。それは何かな？

ちなみさん：うーん、元気に生きるってことですかね。

片川先生：その通りだと思うよ。

　せっかく、命をいただいてこの世に生きることができる二人には、自分の人生を精一杯《せいいっぱい》生きて欲しい、楽しんで欲しいって、きっとご両親は願っていると思う。まずは、毎日楽しんで過ごすこと、自分がやるべきことを一生懸命こなすことが、親孝行になると思うよ。

たけお君：親孝行というと、プレゼントなどを何かしてあげないといけないと思っていましたが、一生懸命生きる事が親孝行になるのですね。

片川先生：そうなんだ。逆に、親に反抗《はんこう》したり、人生に悲観的になったりしたら、ご両親は悲しむと思う。それは、親孝行ではないかもしれないね。
　それが二人にはできると仮定《かてい》して、二人には、究極《きゅうきょく》の親孝行を教えるよ。それは、中国の古典「孝経《こうきょう》」に書かれているんだ。それは、「自分が世の中で活躍《かつやく》することで、親の名前を世間に知ってもらうこと」なんだ。
たけお君：どういうことですか？
片川先生：もしたけお君が将来有名人になって、たくさんの人から注目されるようになったら、たけお君のご両親も、たくさんの人から注目されるようになるよね。「あの立派なたけお君を育てたご両親って、どんな人なんだろう？」っていうように。
　昔から、「偉人の母は立派」だと言われていたんだ。昔は男性の方が有名になりやすかったから、歴史上有名になった女性は男性に比べると少ないんだけど、男性が活躍することで、その家族まで注目されることになる。これが、両親に対する親孝行になるんだ。
　最近では、メジャーリーガーの大谷翔平選手が大活躍していることで、大谷選手を育てたご両親も注目されているよね。これは、大谷翔平選手が行った親孝行であるとも考えることができるよね。
ちなみさん：なるほど。私が将来立派な大人になって活躍することで、私の父や母も注目されるのですね。父や母を喜ばせるために、私が頑張れば良いといいということが分かりました。

たけお君：自分のためだったらあんまりやる気がでないけど、「お父さん、お母さんのために頑張る」って思うと、ちょっとやる気が出てきます。

片川先生：ご両親のために頑張ろうとする二人は、本当に素晴らしいよ。

第四章　私達にとって大切な日を教えてください

【ギモン㊳】自分の誕生日

片川先生：二人の誕生日はいつなのかな？

たけお君：12月7日です。

ちなみさん：9月6日です。

片川先生：じゃあ、誕生日にはお祝いをしてもらうのかな？

たけお君：僕は毎年、ゲームを買ってもらいます。

ちなみさん：私が好きなチーズケーキを食べます。

片川先生：それはいいね。ところで、二人は両親に何て伝えているの？

たけお君：えっ？ゲームを買ってくれてありがとうです。

ちなみさん：私も、ケーキをありがとうです。

片川先生：まあ、そうだよね。だけどね、その日にあなた達に命をくれたのは、誰なのかな？

たけお君：お父さんとお母さんです。

片川先生：そうだよね。たけお君のお父さんに命をくれたのは誰かな？

たけお君：おじいちゃんとおばあちゃんです。

片川先生：そうなんだよ。今二人がここにいるのは、お父さん、お母さんのおかげであり、おじいちゃん、おばあちゃんのおかげであり……というように、たくさんのご先祖様のおかげで、命が繋がったんだよね。そのことに対して、お礼の言葉を言ったことはあるかな？
たけお君：…一度もありません。
片川先生：誕生日とは本来、少なくともお父さん、お母さんに、「命をくれてありがとう」と感謝の気持ちを伝える日なんだ。今は、自分が祝ってもらう意味合いの方が強くなってしまっているけど、本来は逆なんだよ。
ちなみさん：今日まで勘違いをしていました。
たけお君：もらえるゲームが好きなものじゃなかったら、逆にお母さんに怒ったりしていました。
片川先生：二人が生まれた日のことを、お父さん、お母さんに聞いてみたらいいと思う。
　お父さん、お母さんが命を授かって約10ヶ月間、祈るような気持ちで、お腹の中にいるあなた達を、大切に育ててきたんだと思うよ。お腹の中の赤ちゃんが動かない時間が長かったら、ちゃんと心臓は動いているかな？って本気で心配になったりするんだ。
　いよいよ出産っていう時、待ちに待ったあなた達の顔を見たお父さん、お母さんは、どれだけ安心しただろう。どれだけ嬉しかっただろう。そんなことを想像すると、親に対する接し方が、今までとは変わってくるんじゃないかな？

ちなみさん：でも、私の実のお父さんは、もう会うことができません。

片川先生：会うことができなくたって、心の中で「命をくれてありがとう」って思うだけで、十分だよ。きっと、ちなみさんの思いは、実のお父さんにも通じるよ。

【ギモン㊴】学校の創立《そうりつ》記念日

ちなみさん：昨日、学校の創立記念日だったそうです。
片川先生：そうなんだね。ちなみさんの中学校は創立何年になったの？
ちなみさん：ええと、今年で１２０年になるって、校長先生がおっしゃっていました。
たけお君：１２０年？　そんなに古くから学校ってあるんですか？
片川先生：明治時代、日本全国の子供達が平等に学べるように、全国に学校が作られることになったんだ。全国津々浦々《つつうらうら》の人達が、「自分達の地域にも学校を作り、子供達を学ばせたい」と思い、一生懸命学校作りに携《たずさ》わったんだ。
たけお君：地域の人達も関わってくれたのですね。
片川先生：今も昔も、共通の考え方があるんだ。
「子供は地域の宝」、立派に成長して、将来は地域や日本のため、世界のために役立てるような人間になってほしい。そんな願いを、家族だけでなく、地域の人達みんなが思っていて、地域全体で子育てを行っていたんだ。
ちなみさん：何だか素敵ですね。明治より前は、学校はなかったんですか？
片川先生：学校という制度の代わりに、それぞれの藩《はん》には藩校というのがあって、藩に仕《つか》える武士の子供はそこで学問、武道の両方を学んでいたんだ。藩校は全国に約２７０校あったんだよ。

たけお君：ということは、武士の子供じゃなかったら、学べなかったのですか？

片川先生：実は、それぞれの地域に寺子屋という場所があって、子供達は身分に関係なく、そこで読み書きなど、人間として学ぶことをしっかり学べる環境があったんだ。寺子屋は、全国にいくつくらいあったと思う？　何と、多いときは2万校くらいあったと言われているんだ。

ちなみさん：2万校？　すさまじい数ですね。

片川先生：今の小学校の数が1万9千校くらいだから、ほとんど同じくらいの数があったんだよ。だけど、今の日本の人口は約1億3000万人、一方、江戸時代の人口は3000万人ほど。ということは、今よりも少人数で教育が行われていたということだね。

たけお君：江戸時代のような古い時代に、そんなに寺子屋があって、子供達が学んでいただなんて、驚きです。

片川先生：残念ながら、同じ時代、他の国の多くでは、子供達にとって身分の差別なく学べる環境は日本ほど整っていなかったんだ。子供は大人と同じ労働力と考えられていて、学校に行けず小さい頃から働かされていた子供達が大勢いたんだ。もちろん日本の子供達も、農業など家の仕事を一緒にやっていただろうけど、寺子屋という場所で毎日学べる環境もしっかり整っていたんだ。

当たり前のことを言うけど、学ばないと字を読めるようにはならないよね。字を読める割合のことを識字率《しきじりつ》と言うんだけど、日本の江戸時代の識字率は、70～80％もあると言われていたんだ。ヨーロッパ各国の識字率が30％にも達していないといわれる時代にね。いかに昔から日本人は、教育を大事にしていたかが、よく伝わってくるよね。

ちなみさん：日本は昔から、子供の教育は家庭だけでなく、地域全体で行っていたのがよく伝わってきます。

片川先生：今でも、戦争が多い国などでは、子供が学校に通えなかったり、学校の校舎や教科書がないところだってある。

たけお君：僕たちが毎日学校に通えているのが、当たり前じゃないんだなって思えてきました。

片川先生：学校の創立記念日っていうのは、ただ学校ができたっていう日ではなく、地域の宝である子供達に教育をしたいという、大勢の方々の願いが叶った日でもあるんだ。

　たけお君も、小学校の創立記念日を調べてみたらいいよ。そして、自分達が毎日、当たり前のように学べる環境にあることに、少しでも感謝の気持ちを持ってくれたら嬉しいな。

【ギモン㊵】建国《けんこく》記念の日

片川先生：昨日、学校の創立記念日については勉強したよね。では、日本の創立記念日、つまり日本のお誕生日はいつか知っているかい？

たけお君：日本のお誕生日？ 考えたこともありませんでした。

ちなみさん：私知っています。２月11日ですよね。

片川先生：よく知っているね。

たけお君：日本のお誕生日って、どういうことですか？

片川先生：日本の最初の天皇である神武《じんむ》天皇が、日本の基《もと》になる国、ヤマトを作った日なんだ。

たけお君：でも、神武天皇って伝説の天皇なんですよね。１３７歳まで生きたって聞いたけど、嘘っぽくないですか？

片川先生：１３７歳まで生きたということは本当じゃないかもしれないけど、会社でも、その会社を作った創業者《そうぎょうしゃ》がいるように、日本という国も、はじめに作った人がいないはずがないわけで、それが天皇の祖先であるっていうことなんだ。だから、はじめから神武天皇という名前だったかは分からなくて、一番最初の天皇のことを、後から「神武」と名付けただけかもしれない。だけど、一番最初の天皇がいらっしゃらないはずがないよね。

ちなみさん：確かにそうですよね。神武天皇は、どこにヤマトという国を作ったのですか？

片川先生：それは、古事記に詳しく書かれているんだ。神武天皇がいらっしゃった時代、日本は戦乱《せんらん》が続いていて、一説《いっせつ》には日本国内に１００個くらい国があったと言われているんだ。ちなみさんも、「弥生《やよい》時代は戦乱が多かった時代」と社会で習ったよね。神武天皇は元々宮崎付近の人だったらしいんだけど、「争いをなくし、みんなが家族のように仲良くできる国を作りたい」という志を立てて、宮崎を出発し、瀬戸内海を渡りながら、奈良にたどり着いたんだ。途中で戦乱に巻き込まれ、お兄さんが亡くなるといった不幸な出来事もあったみたいだけど、困難を乗り越えて、奈良の地にいた豪族を仲間にしながら、奈良にヤマトという小さな国を作ったんだ。その後何代もの天皇を経て、徐々にヤマトの国は大きくなり、最終的には日本という大きな統一国家となったんだ。

たけお君：でもそれは、古事記の話だから、本当じゃないかもしれないですよね。考古学《こうこがく》的《てき》にはどうなんですか？

片川先生：たけお君、考古学なんていう難しい言葉を知っているんだね。実は、最新の発掘調査《はっくつちょうさ》で、神話に登場する場所から重要な遺跡《いせき》、遺物がたくさん発見されているんだ。また、前方後円墳《ぜんぽうこうえんふん》の広がり方がヤマト政権の影響範囲《えいきょうはんい》という考え方が考古学界であるんだけど、神話でもヤマトとの結びつきが強いと言われている吉備《きび》（岡山県）

や北部九州には、古い時代の巨大古墳が残っていることからも、神話はただの物語ではなく、強い根拠《こんきょ》を基に作られたというのが、考古学上も明らかになりつつあるよ。

話が逸《そ》れてしまったけど、日本の創立記念日が2月11日とされていて、今でも日本の祝日となっているんだ。

たけお君：そういえば、2月11日は祝日でしたね。何も考えず、その日は遊んでいました。（笑）

片川先生：他の国では、盛大に国の創立記念日をお祝いするんだ。世界各地で、花火を上げたりパレードをしたりして、盛大にお祝いするんだ。

ちなみさん：日本では、ほとんど何もありませんね。

片川先生：自分達の誕生日はお祝いするのに、自分達がいる学校や、国の誕生日をお祝いしないのは、何だか違和感《いわかん》があるんだ。片川先生の家では、建国記念の日は国旗を掲げてお祝いをするよ。

日本の多くの家で、自分のお誕生日と同様、建国記念の日もお祝いをする日が来るといいなって思っているよ。

【ギモン㊶】勤労感謝《きんろうかんしゃ》の日（新嘗祭《にいなめさい》）

片川先生：ちなみさん、日本人にとって、大切な食べ物って何だと思う？
ちなみさん：うーん、やっぱりお米じゃないですか？
片川先生：そうだよね。日本のお米って本当においしいよね。
たけお君：海外の人もお米を食べているのですか？
片川先生：もちろん、たくさんの国でお米が主食になっているよ。だけど、欧米ではパンが主食だよね。
　日本人は昔から、お米（稲）を中心とした五穀《ごこく》を命の源《みなもと》として、大切にしてきたんだ。
　古事記には、「鼻・口・尻から食物を出しているオオゲツヒメという神様のことを、スサノオが、汚く穢《けが》れていると思って殺害し、その身体から蚕《かいこ》・稲《いね》・粟《あわ》・小豆《あずき》・麦《むぎ》・大豆《だいず》ができた」と書かれているんだ。神様は自然のエネルギーのことを指していると も言われるので、五穀は自然からいただけるエネルギーだと、昔から考えられてきたことが分かるよね。
　もし、米ができなかったら、どうなると思う？
たけお君：みんな、主食を食べられずに困ってしまいますよね。
片川先生：そう。今でも困ってしまうけど、昔は海外との貿易《ぼうえき》がほとんどなかったから、海外から食物を輸入《ゆにゅう》することができない。つまり、米ができないことは、「死」につながる一大事だったんだ。
実際に昔から、雨が降らなかったり災害が起こったりして、米を収穫《しゅうかく》できなかったから、何万人もの人がなくなる飢饉《ききん》になったことが何回もあったんだ。
ちなみさん：米が無事にできるかどうかって、死活問題《しかつもんだい》なのですね。
片川先生：だからこそ、日本人は昔から、無事に米などの五穀が収穫できることを、大自然、神様に感謝していたんだ。たけお君やちなみさんが住んでいる町も、秋になったらお祭りがあると思うけど、どうして秋にあるか知ってる？
たけお君：秋に農作物が無事に収穫できたことを感謝するためですか？
片川先生：そのとおり。「神様、大自然の恵みのおかげで今年も無事に収穫することができ、地域のみんなが命を繋ぐことができます」って感謝するお祭りだよね。
実は、天皇も宮中でお米を育てていらっしゃるんだ。毎年秋になったら自らの手で収穫され、日本全国のお米が無事に収穫できたことを大自然、神様に感謝するお祭りを行われているんだ。祝日にもなっているんだけど、いつか知ってる？
ちなみさん：そんな祝日ってありましたっけ？
片川先生：実は、11月23日なんだ。
ちなみさん：えっ？その日は勤労感謝の日ですよね？
片川先生：戦後、勤労感謝の日っていう名前に変えられてしまったんだけど、本来は、ちなみさん：天皇が神様へ新米をお供《そな》えする「新嘗祭《にいなめさい》」というお祭りの日なんだ。てっきり、働いている人に感謝する日だと思っていました。

片川先生：もちろん、働く人に感謝するのも大事だ。でも本来は、五穀豊穣《ごこくほうじょう》を感謝する日が11月23日なんだよ。

他にも祝日はたくさんあるけど、日本人にとって、11月23日が特に大切なんだ。古事記には、日本のことを、瑞穂《みずほ》の国（みずみずしい稲《いね》が豊かに実る国）と書かれているくらい、米を命の源として、大切にしてきたんだよ。また、江戸時代までは、米がお金の代わりで、大名は統治する地域での米の収穫量が、大名の権力の尺度《しゃくど》だったんだ。

ちなみさんは、ご飯を食べるとき、食卓《しょくたく》のどちらに茶碗《ちゃわん》を置くかな？

ちなみさん：左です。理由は分かりませんが…。

片川先生：日本人にとって、右より左の方が上の扱いなんだ。平安時代の貴族に右大臣と左大臣がいたけど、左大臣の方が位は上なんだ。どうしてかっていうと、天皇が南に向いて座られたとき、左（東）から出てくるのが太陽だからなんだよ。

ちなみさん：日本人は昔から太陽を大切にしていたって片川先生はおっしゃっていましたが、まさか茶碗の位置にまで繋がるなんて、驚きです。

たけお君：僕はパンが好きなんですけど、今度からお米もしっかり食べようと思いました。

第五章　立派に生きた人を教えてください

【ギモン㊷】志《こころざし》を貫徹《かんてつ》し、心力《しんりょく》を尽《つ》くした偉人《いじん》 本居《もとおり》宣長《のりなが》

たけお君：僕はユーチューバーになりたいという夢があったんですが、お母さんから、「ユーチューバーは安定しない職業《しょくぎょう》だから、ユーチューバーともう一つ職業を見つけて、両立《りょうりつ》したらどう？」と言われました。

片川先生：（前、お母さんにアドバイスした通り、たけお君に言ってくださったんだな）そうなんだ。

たけお君：僕はユーチューバーをしながら、別の仕事もするっていうことのイメージが持てません。片川先生は、昔の立派《りっぱ》な人のことをよく教えてくれますが、二つの仕事を両立した偉人っているのですか？

片川先生：もちろんいるよ。三重県の松坂で、お医者さんをしながら、古事記《こじき》の解読《かいどく》をした偉人、「本居宣長」だ。

ちなみさん：古事記の話をした時、片川先生がおっしゃっていましたね。どんな人か、詳しく聞きたいです。

片川先生：本居宣長は、江戸時代の人なんだよ。子供の頃《ころ》から、色んな事に興味《きょうみ》を持っていて、17歳で巨大《きょだい》な日本地図を描いたり、19歳の頃、架空《かくう》の城下町のイラストを描いたりしたんだ。

たけお君：架空の街を作るゲームソフトがあるけど、その先駆《さきが》けですね。

片川先生：興味があるものを否定《ひてい》せず、ずっと見守り続けたお母さんも立派だよね。

（父は宣長が幼い頃に死去）

実は、本居宣長は23歳まで、自分の生き方が安定しなかったんだ。お母さんの薦《すす》めもあり、23才でやっと医者になることを決め、医者修行《しゅぎょう》のため京都に引っ越したんだ。

医学の本は漢文で書かれているから、漢文も勉強し始めたんだけど、宣長は医者修行をきっかけに「学ぶこと」の素晴らしさを更に知っていくことになるんだ。今まで知らなかったこと、知りたかったことを知れる楽しさを、学問の中心地でもある京都で知ることになるんだ。

本居宣長

ある日、京都の古本屋で「古事記」を購入したんだ。古事記は、天武天皇の指示で編纂《へんさん》された、日本最古の歴史書《れきししょ》だ。「これを読めば、日本を知ることができる」そう思ってワクワクしながら、宣長は購入《こうにゅう》したと思う。だけど、この本は、昔の大和《やまと》言葉で書かれていて、江戸時代の人には全く読むことができなかったんだ。元々ひらがなやカタカナは漢字から作られたんだけど、古事記が書かれたのは、ひらがなやカタカナが作られる前の時代なんだ。当時の書物、中国からやってきた漢字で書物を書かれていたんだけど、「日本人向けに、日本人の言葉で古事記を書きたい」と思った太安万侶という編集者は、日本語の音を、漢字に当てはめて古事記を書いたんだ。

ちなみさん：どういうことですか？

片川先生：「久羅下」ちなみさん、これは何て読むか分かる？

ちなみさん：読めません。

片川先生：これは、「クラゲ」なんだ。クラゲという漢字が無かったから、日本語の読み方を、漢字にそのまま当てはめたんだ。その結果、江戸時代の人にとって古事記は、全く読めない、漢字の羅列《られつ》だけになっていたんだ。

5年後、松坂に帰ってきて医者を始めることになった宣長は、医者の仕事をしながら、どうしても古事記を解読したいと思っていた。「古事記が読めれば、1000年前の日本人が何を考えていたかが分かる。また、それ以前の日本の考え方、つまり自分達のルーツが分かる」そう思っていたんだ。

そして34歳の時、「古事記を解読して本にする」という、大きな志《こころざし》を立てたんだ。

たけお君：以前片川先生は、「志とは誰かのためにすることだ」って言っていましたよね。

片川先生：よく覚えていたね。実は他にも、「絶対に揺《ゆ》るがない、強い意志《いし》」っていう意味もあるんだ。もちろん宣長にも、後世の人のために古事記を翻訳《ほんやく》するっていう気持ちはあっただろうけど、何より「何が何でもやりきる」という強い意志があったのだと思う。
さて、34歳の時に志を定めた宣長は、何年かかって、志を成し遂《と》げたでしょうか?

たけお君：5年くらいですか?

片川先生：なんと、35年もかかったんだ。

たけお君：35年???　僕だったら、途中で諦《あきら》めてしまいそうです。

片川先生：そうだよね。それだけ、「絶対に解読する」という宣長の強い意志があったことが分かるよね。また、絶対に間違《まちが》えてはいけないっていう、宣長の正確さもあったと思う。例えば、古事記は最初、「天地」という言葉で始まるんだけど、この天地を「テンチ」と読むのか、「アメクニ」と読むのか、「アメツチ」と読むのか分からず、結論が出るまでに5年もかかったんだ。（「アメツチ」の結論に至りました）

ちなみさん：2文字で5年???　宣長さんの正確さが伝わってきます。

片川先生：だけど、2文字で5年もかかっていたら、一生かかっても古事記を解読できないかもしれない。そこで宣長が行ったのは、「先生を求めること」だったんだ。
江戸（東京）に、賀茂《かもの》真淵《まぶち》という立派な先生がいた。その先生が書いた本を読んだ宣長は、「この先生だったら、古事記解読の大きな力になってくれる」と考え、たくさんの人達に、「賀茂先生が松坂に来たら、会いたいので教えて欲しい」と伝えたんだ。ある日、本屋の主人から、賀茂真淵が松坂に来ていると聞いた宣長は、宿泊先《しゅくはくさき》の旅館に飛んでいった。既《すで》に出発した後だったけど、江戸に帰る途中にまた泊《と》まるだろうと推測《すいそく》した宣長は、「賀茂先生がまた泊まったら、私に教えて欲しい」とお願いしたんだ。そして数日後、旅館から連絡が入り、運命の面会《めんかい》を果たすんだ。

初めて会った先生に、「古事記を解読したいのです」と志を打ち明け、今後の相談相手になってもらうことを約束したんだ。それから、宣長の古事記解読は大きくスピードアップするんだ。

たけお君：その出会いがなかったら、宣長さんが生きている間に古事記を解読できなかったかもしれないですね。

片川先生：出会いは、人生を前に進めるチャンスだと、片川先生は思っているんだ。たけお君にもちなみさんにも、これから人生を大きく変える出会いがきっと訪れると思う。その時は宣長のように、一瞬のチャンスを逃さないよう、たくさんの人の助けを借りながら出会いを実りのあるものにしてほしいなって思うんだ。

賀茂先生と出会った後は、昼間は家族を養《やしな》うために一生懸命医者の仕事をした後、夜になってから古事記解読を毎日進めたんだ。

たけお君：昼間に働いたらグッタリとしそうなのに、夜に解読を続けたのですね。

片川先生：よく、志を実現するために、家族を犠牲《ぎせい》にしたり、他のことを置き去《ざ》りにしたりする人もいるけど、宣長のように、「家族を養う」「医者の仕事を全《まっと》うする」という、やるべきことをやりながら、自分の志も同時並行でやっていくという生き方に、片川先生は強い憧《あこが》れを抱いているんだ。

実は、片川先生も宣長が古事記解読の志を定めたのと同じ34歳。自分のやるべきことを明確に定めて、それに向かって努力していかなければならないと思っているよ。

たけお君：それにしても、35年もの間、医者や子育てをしながら、夜な夜な古事記解読を行ったのはすごいです。途中で、諦めようとは思わなかったのですか？

片川先生：宣長が書いた日記を読むと、自分自身と格闘《かくとう》した様子が伝わってくるんだ。頻繁《ひんぱん》に来るお客さんへ対応したり、他に頼まれて書く本ができたりして、忙《いそが》しい中、古事記解読を進めたいという宣長の苦悩が書かれている。また、忙しい中、やっとできた時間で解読を進めているので、どうしても深夜遅く、場合によっては徹夜《てつや》で行うこともあった。

「宣長よ、寒いなど泣き言を言わずに寝ないで本を読め。筆を取る手が寒さでかじかんでもこの長い夜を無駄《むだ》にしてはならぬぞ」と自分に言い聞かせている日記もあるんだ。

ちなみさん：宣長さんの、自分自身に負けないように頑張《がんば》る姿が想像できます。

片川先生：宣長が69歳の時、古事記解読書「古事記伝」四十四巻が完成する。書き終わった後の宣長の日記には、こう書かれているよ。

「数十年の間、心力を尽くして、此記の伝四十四巻をあらはして、いにしへの学びのしるべとせり」
「心力を尽くして」という言葉に、宣長の「やり切った」という思いが込められているよね。
その後、相続《そうぞく》や自分の墓の設計など、やるべきことを全てやり切り、72歳でその生涯を閉じた。まさに、やるべきことをやりながら、自らの志を達成した、すばらしい人だったんだ。

たけお君：僕は今日まで、「ユーチューバーだけやれれば幸せなのに」って思っていました。しかし、自分のやるべきことと、やりたいことを両立させることが、どれだけ大切なのかがよく分かりました。そうすることで、自分が最後死ぬ時も、満足した気持ちになるのかなって思いました。

片川先生：大切なのは、両方を全力でやり切る事だ。きっと宣長は、医者の仕事も古事記解読も、どちらも全力を尽くしたから、志を達成でき、多くの人に尊敬されたのだと思うよ。

【ギモン㊸】誰《だれ》のために頑張《がんば》るのかを考えよう！ 羽生結弦《はにゅうゆずる》

片川先生：たけお君は、スポーツを見るのは好きだっけ？

たけお君：はい。スポーツをするのは苦手だけど、観戦《かんせん》は大好きです。

片川先生：では、フィギュアスケートの羽生結弦選手は知っているよね。

たけお君：もちろんです。毎年色んな大会で優勝《ゆうしょう》し続けている、超有名選手《ちょうゆうめいせんしゅ》です。

片川先生：そうだよね。では、羽生選手は何のためにフィギュアスケートをやっていると思う？

たけお君：えっ？そりゃ、自分が活躍《かつやく》したいためじゃないですか？

片川先生：もちろんそれもあるけど、いつも忘れずに心の中にあるのは、「大好きなふるさとの人を元気にしたい」っていう想いなんだ。

たけお君：どういうことですか？

片川先生：羽生選手は仙台で生まれ、４歳からスケートを始めたんだけど、10歳のころには「仙台に天才少年がいる」と言われるほど、スケートの世界では有名になっていたんだ。

15歳の頃大会で訪れたロシアで、「3年後にここであるオリンピックに出場したい」っていう夢ができ、夢に向けて必死で頑張っていたんだ。

だけど、次の年に東日本大震災が起きて、羽生選手がいる仙台《せんだい》も大きな被害《ひがい》を受けたんだ。スケート場も自宅も被害を受け、スケートをするどころではなくなった。
「生きていくのに精一杯《せいいっぱい》」の状態になったんだ。

ちなみさん：オリンピックが迫《せま》っているのに、そんな悲劇《ひげき》があるなんて…

片川先生：羽生選手は「もうスケートをやっている場合じゃない」と考えていたそうなんだけど、たくさんのファンに応援のメッセージをもらい、徐々《じょじょ》に元気を取り戻していったんだ。また震災で苦しんでいるたくさんの人を見て、「精一杯滑《すべ》る僕の姿をふるさとの人に見ていただいて、ちょっとでも元気になっていただきたい」「目標を掲《かか》げて、上を目指していくしか、自分にできることはない。そのために精一杯、やれることは全部やっていこう」と考えるようになり、再びスケートに挑戦《ちょうせん》することを決めたんだ。

羽生結弦

ちなみさん：ファンの応援に応《こた》えたいっていう気持ちや、ふるさとの人を元気づけたいっていう気持ちが、羽生選手を一歩前に押し出したのですね。

片川先生：羽生選手は本当にそのように考えていたんだ。1年後のフランスでの世界選手権ですばらしい演技を見せた後、「僕が元気をあげるんじゃなくて、僕の方が応援されていたんです。その応援を受け止めて、しっかり演技《えんぎ》をすることが一番の恩返《おんがえ》しだと気づきました」って言っているんだ。

たけお君：応援してくれた人に恩返しをしたいっていう羽生選手の気持ちはすばらしいです。

片川先生：そして平成26年、夢だったロシアでのソチオリンピックに出場した羽生選手は、ライバルであるパトリック・チャンと勝負することになった。羽生選手の強みは四回転ジャンプなんだ。ショートプログラムでは成功だったんだけど、何とフリーで四回転ジャンプを失敗してしまったんだ。

ちなみさん：一番大切なオリンピックで四回転ジャンプを失敗した羽生選手は絶望したでしょうね。

片川先生：だけど、何とライバルのパトリック・チャンも失敗が続き、羽生選手は見事にアジア人初の金メダルを獲得《かくとく》したんだ。羽生選手はその後も活躍を続けているんだ。

たけお君：羽生選手の技術力もすごいけど、「ファンのため」「ふるさとのため」に頑張るっていう想いに感動します。これは、片川先生が言っていた「志」ですよね。

片川先生：そうなんだよ。羽生選手は、日本っていう国をとても大切にしていることでも有名なんだ。選手はリングの上で国旗を掲げたりすることが多いんだけど、羽生選手は大切な国旗を絶対に床《ゆか》に置いたりしないんだ。また、国旗と一緒にリングを去る時は、国旗に「ありがとう」と言ったり、丁寧《ていねい》にたたんだりしているんだよ。

ちなみさん：スポーツ選手って国旗や国歌を大切にしているイメージがありますが、羽生選手は特に大切にしているんですね。

片川先生：羽生選手は、他の国のことも大切にしていて、北京オリンピックの時は開催国の中国国旗やオリンピック旗に深々と礼をして、中国の人を感動させたこともあるんだ。

たけお君：羽生選手の話を聞いて、「何のために」頑張るのかを考えさせられました。自分が活躍したいっていう気持ちだけじゃなく、大切なふるさとの人のため、応援してくれるファンのため、そして祖国《そこく》のために日々頑張っているのですね。僕も自分が頑張ることで、誰かのことを元気にしたり、成長させたりする仕事をしたいなって思いました。

【ギモン㊹】江戸城無血開城《えどじょうむけつかいじょう》の奇跡《きせき》から学ぶ
「正しい道を全《まっと》うする生き方」西郷隆盛《さいごうたかもり》・勝海舟《かつかいしゅう》

片川先生：二人とも、東京へ行ったことはあるかな？
たけお君：あります。人が多すぎてびっくりしました。
ちなみさん：原宿《はらじゅく》とか歩いてみたけど、本当に楽しい街ですよね。
片川先生：そうだね。今や１０００万人の人が住んでいる大都市だ。だけど、この東京が、一面の焼け野原になる可能性があったって知ってる？
ちなみさん：東京大空襲《だいくうしゅう》は知っているけど、それ以外にですか？
片川先生：そう。江戸時代の終わりに、全て焼かれてしまう可能性があったんだ。
たけお君：焼かれるって事は、東京の人は家が無くなって、住んでいる人も亡くなってしまうって事ですよね。そんな事、想像もできません。
片川先生：江戸時代の終わりに、薩摩《さつま》（鹿児島）と長州《ちょうしゅう》（山口）を中心とした勢力《せいりょく》が、江戸幕府の勢力と戦争を行ったことは、学校で習ったよね。
ちなみさん：習いました。戊辰《ぼしん》戦争ですよね。
片川先生：薩摩と長州の勢力は、最新式の武器を持っていて、京都での戦い（鳥羽伏見《とばふしみ》の戦い）で江戸幕府の勢力を倒したんだ。江戸幕府のトップであった徳川慶喜《とくがわよしのぶ》は江戸（東京）に逃げ帰ったんだけど、慶喜を追って江戸へ向かい、慶喜がいる江戸を全て焼き払ってしまおうと、薩長の勢力は勢《いきお》いづいていたんだ。
もし江戸が焼き払《はら》われていたら、当時江戸に住んでいた100万人の人達は家が無くなり、火災に巻き込まれて亡くなったかもしれない。そんな悲劇が起こる可能性が高かったんだ。

たけお君：想像しただけでも恐ろしいですよね。どうしてそうならなかったのですか？

片川先生：その謎《なぞ》を紐解《ひもと》くために、薩長《さっちょう》（薩摩と長州の勢力）のトップであった西郷隆盛と、江戸《えど》幕府《ばくふ》の家臣《かしん》であった勝海舟の生き方を学んでいこう。まず、西郷隆盛の生き方を学んでいこう。西郷さんは、「天命《てんめい》に従《したが》って生きた人」なんだ。

西郷隆盛

たけお君：天命って何ですか？

片川先生：生きていたら、自分の力ではどうすることもできないことがあるんだ。突然家族が亡くなったり、思いもよらない怪我《けが》をしたり、受験に失敗したり……。
そういう、自分の力ではどうしようもならないことに対して、「どうして自分だけがこんな目に遭《あ》うん

勝海舟

だ」と、神様を恨《うら》みたくなることもある。だけど、西郷は、自分の力ではどうしようもならないでき事が起きた時に、「天（神様）からのプレゼントなんだ」と、全部受入れて前に進もうとしたんだ。

たけお君：すごい人ですね。どんな人なんだろう。

片川先生：西郷さんは、薩摩の貧《まず》しい武士の家に生まれたんだ。武士っていうと、刀を使えるのが当たり前で、西郷さんも道場に通っていたんだ。
だけど、13歳の時、友達同士が喧嘩《けんか》をしていて、仲裁《ちゅうさい》に入ったところ、喧嘩をしていた子の刀の鞘《さや》（カバー）がたまたま壊《こわ》れて西郷さんの腕《うで》に刀が当たって神経が切れ、西郷さんは刀を持てなくなってしまったんだ。

たけお君：最悪ですね。僕ならその友達を一生恨みたくなります。

片川先生：だけど西郷さんは、「これは避《さ》けることができなかったことだ。神様が、刀の道以外で活躍しなさいとメッセージを送ってくれたんだ」と前向きに捉え、刀の道ではなく、薩摩藩の役人として頑張る道を選んだんだ。

ちなみさん：そう切り替えられるのがすごいです。

片川先生：役人になってからは、農民《のうみん》に農業を指導《しどう》する仕事に就《つ》いたんだけど、農民のあまりの貧しさに驚《おどろ》き、自分の給料《きゅうりょう》の一部を農民に分けてあげていたんだ。

たけお君：自分の家も貧しいのに、もっと貧しい人のために給料をあげるなんて、立派です。

片川先生：そんな西郷さんにも幸運が訪れるんだ。あるきっかけで、薩摩の殿様《とのさま》である島津斉彬《しまづなりあきら》に認められ、斉彬の傍《そば》で働くことになるんだ。西郷さんが28歳の時だよ。

斉彬は立派な殿様で、西郷さんの才能を見抜《みぬ》き、色々な藩《はん》との交流をさせるんだ。そのお陰《かげ》で、西郷さんは沢山《たくさん》の仲間と出会うことができた。西郷さんにとって、斉彬は、自分を引き上げてくれた恩人《おんじん》だったんだ。

ちなみさん：人生は出会いでできているって、片川先生が言っていましたよね。

片川先生：仲間の一人に、京都の清水寺《きよみずでら》の僧侶《そうりょ》である月照《げっしょう》がいた。彼《かれ》とは何でも語り合える同志《どうし》になったんだ。

ちなみさん：西郷さんの人生も、良い方向に動き出したのですね。

片川先生：だけど、良いことは長くは続かなかった。ある日、恩人である島津斉彬が、突然病気でなくなってしまうんだ。

西郷さんは、恩人を失ったことに絶望《ぜつぼう》して、自分も命を絶《た》とうとするんだ。だけど、月照は西郷さんに、「今死んでも、斉彬は喜ばないよ」って、自死を思いとどまらせるんだ。

たけお君：西郷さんにとって、月照も命の恩人になったのですね。

片川先生：その頃、江戸幕府は井伊直弼《いいなおすけ》という人（大老《たいろう》）が強大な権力を握《にぎ》っていたんだ。井伊は、江戸幕府を敵視《てきし》していた薩摩を潰《つぶ》す目的もあり、月照を指名手配してしまうんだ。井伊は、自分に従わない人を次々と死罪（処刑）にしていたから、月照も捕《つか》まったら殺される可能性があったんだ。

自分が命を断とうとした時に思い止まらせてくれた命の恩人である月照を見殺しにすることはできないと言って、西郷さんは、自分の故郷《こきょう》である薩摩まで月照を連れて行くことにしたんだ。薩摩は自分の生まれ故郷だからきっと自分も月照も助けてくれると信じ、追手《おって》を恐れながら何とか薩摩までたどり着いた西郷さんに対し、薩摩藩は、「月照を殺せ（日向送《ひゅうが》り）」と命令するんだ。

ちなみさん：あまりにも残酷《ざんこく》です。

片川先生：命の恩人である月照を殺せるはずがない。西郷さんが選んだのは、月照と共に海に身を投げ出すことだったんだ。

しかし、運命は残酷だ。命に代えても守りたかった月照は亡くなり、何と西郷さんだけ助かったんだ。失意《しつい》の中にいた西郷さんだったけど、奄美《あまみ》大島で愛する奥さんと出会ったこともあり、生きる希望を取り戻していったんだ。そして、「自分だけ生き残ったのは、まだこの世でやるべきことがあるという神様からのメッセージなんだ」と肯定的《こうていてき》に捉え、幕府を倒すため、動き出すことになるんだ。

たけお君：自分の親友まで亡くなり、立ち上がれなくなるのが普通なのに、それすら「神様からのプレゼントだ」と前向きに捉えられるなんて、本当にすごいです。

片川先生：その後、倒幕をするための薩長軍のリーダーとなった西郷さんは、大軍を率《ひき》い、京都で幕府軍を倒し、そして江戸へ攻《せ》めていった。そこで、勝海舟と対談《たいだん》することになるんだ。

たけお君：会談までの西郷さんの生き方がよく分かりました。今度は、勝海舟の話を聞かせてください。

片川先生：勝さんは、江戸幕府の家臣の家に生まれたんだ。だけど、貧乏《びんぼう》な家臣の家で、勝海舟さんのお父さんは、毎日働かず、酒を飲んでばかりいたんだ。

だけど、お父さんは剣の達人だったんだ。でも、勉強をしていなかったから、幕府からロクな仕事を与えられなかったんだ。

お父さんは勝海舟さんに、「勉強をしなかったら俺みたいになるぞ。人の役に立つ、立派な人になれ」と伝えていたそうだよ。

ちなみさん：自分は勉強をしなかったせいで活躍できなかったから、息子にはそうなってほしくないということですね。

片川先生：幼い勝さんは、お父さんが言うことをしっかり守り、朝から夕方まで道場で稽古、夕方から夜まで神社で自主練、そして家に帰ってから深夜まで勉強をする毎日を送っていたんだ。

そんな姿を見ていた道場の師範《しはん》（先生）から、「これからは、強いだけではだめだ。外国のことを知らないといけない。オランダ語を勉強したらいい」と薦《すす》められ、本屋へオランダの本を買いに行ったんだ。

やっと見つけたオランダ語の本は50両。今のお金でなんと500万円もするんだ。

たけお君：高すぎでしょ。僕だったら買うのを諦《あきら》めます。

片川先生：勝さんは諦めずに、親戚中《しんせきじゅう》からお金を借りて、何とか50両を用意したんだ。集まったお金を持って再《ふたた》び本屋に行くと、何と四谷《よつや》に住む鈴木さんがもう買ってしまったと言われたんだ。

ちなみさん：かわいそうです。

片川先生：勝さんは浅草《あさくさ》に住んでいたから、鈴木さんの家まで2時間かけて行って、「本を貸してください」と頼《たの》んだんだけど、「高い金を出して買ったのだから、簡単には貸せない」と言われて断られるんだ。

たけお君だったらどうする？

たけお君：断られたら、諦めるしかないですよね。

片川先生：勝さんは、「鈴木さんが読まない時間に読ませてください」と頼んだ。鈴木さんは、「夜10時には読むのをやめる」と言うので、勝さんは、毎日往復4時間かけて、深夜に鈴木さんの家に本を読みにいくようになるんだ。

たけお君：本当ですか⁉ 勝さんはどれだけ意志が強いんでしょうか。

片川先生：でも、読めば読むほど、その本が面白《おもしろ》くてたまらなくなり、本の内容を別の紙に写すようになるんだ。1年間通い続けて、何と2冊もの本を写したんだよ。

それに驚《おどろ》いた鈴木さんは、「あなたはなんと我慢強い人だろう」と感心するんだ。

ちなみさん：勝さんがどんな人か、段々分かってきました。

片川先生：勝さんが大人になった頃、黒船《くろふね》が日本にやってきて、日本はパニックになったんだ。

そんな中、勝さんは「敵《てき》を知らないと日本は守れない」と言って、幕府が派遣《はけん》した遣米使節《けんべいしせつ》（アメリカに行く視察団）の一員としてアメリカに行ったんだ。そこで、日本とアメリカの技術の差に驚いたんだ。だって、日本は馬で移動していたのに、アメリカには機関車《きかんしゃ》が走っていたからね。

当時、日本には2つの意見があったんだ。外国人を追い払って日本を守ろうという攘夷論《じょういろん》と、海外と仲良くしながら日本を守ろうという開国論だ。どちらも、日本を守りたいっていう気持ちは同じなのに、手段《しゅだん》が異《こと》なったことから、お互《たが》いが殺害を繰り返していたんだ。

攘夷論の人からは、アメリカから帰ってきた勝さんのことを、アメリカに心を売った男とみられていたようだよ。実際に、客と偽《いつわ》って勝さんの家に行き、勝さんを殺そうとした人が何人もいたようなんだ。

勝さんは、自分を殺そうとしに来た人を家に招《まね》き入れ、「自分の話を聞いた後に私を斬《き》りなさい」というんだ。あっけに取られる攘夷論者に対し、「日本人同士が戦っても、喜ぶのはアメリカだ。アメリカは強い。私はアメリカを見てきた。本当に日本を守りたいのなら、私と協力《きょうりょく》してくれないか」と言って、納得させたんだよ。

たけお君：勝さんの説明能力がすごいです。

片川先生：と言うより、勝さんは、人を感動させる力があったんだ。立場が異なる人だって、同じ日本人だから分かり合えるっていう意識があったのかもしれないね。

そんな勝さんが住む江戸に、西郷さんが率いる倒幕軍《とうばくぐん》が攻めてくるという知らせが入る。勝さんは幕府から、倒幕軍を説得する役目を与えられるんだ。

ちなみさん：そこで、西郷さんと勝さんが会うのですね。

片川先生：その前に、勝さんは山岡鉄舟《やまおかてっしゅう》という立派な家臣を、西郷さんの元に派遣《はけん》して、事前に説得することに成功するんだ。山岡鉄舟も人を感動させる力があり、西郷さんと魂《たましい》の会話をして、西郷さんの考えを変えさせるんだ。

3月14日、西郷さんと勝さんは江戸で面会した。勝さんは、「江戸に住む100万人の人達を助けたい」という意思を伝え、西郷さんは、「色々と難しいこともあるだろうけど、自分が（厄介事《やっかいごと》を）全て引き受けます」と回答したと言われているんだ。

西郷軍が江戸を攻撃する予定だった日が、面会の翌日《よくじつ》の3月15日。まさに、この面会が江戸の運命を決めたんだよ。

たけお君：二人とも交わした言葉は少ないけど、西郷さんと勝さんが信頼し合っていることが伝わってきますね。

片川先生：西郷さんと勝さんの生き方を見てきたけど、二人とも、自分だけが得をするような生き方ではなく、「人のため」「正しいこと」を追い求めた生き方だよね。自分達のことだけを優先せず、公《おおやけ》のことを大切にして行動する二人が、互いに尊敬し合ったのかもしれないね。

　二人の会談のおかげで、江戸では一滴《いってき》の血も流されず、江戸城が倒幕軍（新政府軍）に引き渡されたんだ。

ちなみさん：感動的なエピソードですね。その後の二人はどういう人生を辿《たど》ったのですか？

片川先生：西郷さんは、新政府軍に従わない幕府勢力と戦い続け、日本を統一したんだ。新政府軍に従わない勢力には攻撃をしたけど、戦わず降伏《こうふく》した庄内藩《しょうないはん》に対しては、ほとんど何も罰《ばつ》を与えなかったんだ。戦争で勝った勢力は土地や金品を奪《うば》っていくのが常識《じょうしき》だった時代に、だよ。そのことに庄内藩の人々は大変感謝したんだ。

　その後、西郷さんは新政府の役人になるんだけど、政府内で意見が対立し、薩摩に帰ってしまうんだ。西郷さんは新政府に反抗《はんこう》する意思はなかったんだけど、西郷さんと一緒に薩摩に帰った部下達が、新政府への反乱軍を起こすんだ。これは、西郷さんも望んでいないことだったんだ。

ちなみさん：自分に従ってきた部下が、自分の気持ちとは異なる反乱を起こしてしまうなんて、皮肉《ひにく》ですね。西郷さんはどうしたのですか？
片川先生：部下は、反乱を起こさないと気が済まない。ならば、精一杯やらせて、部下と共に死ぬのが、自分の天命だと捉えて、敢えて反乱軍のリーダーになるんだ。その部隊には、かつて西郷さんの敵だったけど、西郷さんに命を救われた、庄内藩の方々も参加したそうだよ。
だけど、西郷さんは反乱軍の指揮《しき》は執《と》っていないと言われているんだ。部下のやりたいままに従い、最後は薩摩で新政府軍に取り囲まれ、命を落とすんだ。
実際、その後はどの場所でも反乱軍は起こらず、新政府は安定するんだ。
ちなみさん：もしかしたら、自分が盛大に負けることで、反乱軍をこれ以上増やさないという気持ちがあったのかもしれないですね。新政府のことや、日本の未来のことを思ってやったのかもしれないですね。
たけお君：勝さんは、どういう生き方をしたのですか？
片川先生：勝さんは、新政府側と幕府側の両方に繋がりがある人脈《じんみゃく》を活用して、幕府の家臣が生活に困らないために資金面の手助けなどを30年にわたってやり続けたんだ。また、亡くなった西郷さんの銅像を上野に建てるための支援も行ったんだ。
ちなみさん：西郷さんと勝さんは、生まれた場所も立場も全然違うけど、「人のため」「国のため」に尽くしたいっていうところは同じだったのかなって思いました。だからこそ、二人が尊敬し合い、誰も血を流さず、江戸城が新政府に渡されたんだなって思いました。二人が行ったことは、本当にすごいです。

片川先生：真っ先に攻撃されるはずだった江戸城は、今どうなっているか知っている？

明治時代になると、京都から、天皇をはじめとする皇族《こうぞく》が引っ越してこられたんだ。天皇は、毎日国民の平和のために祈っていらっしゃる。つまり、戦争の中心になるはずだった場所は、平和を祈る場所になっているんだ。片川先生は、このことに感動しているんだ。

【ギモン㊺】生涯《しょうがい》国民に寄り添《そ》われた天皇　明治天皇

たけお君：片川先生の話を聞いていると、日本は天皇がいらっしゃることが、本当にありがたいことなんだなって感じました。

片川先生：どうしてそう思うんだい？

たけお君：だって、他の国だと国王だけ裕福《ゆうふく》な生活をして、国民は苦しんでいたことってよくあるじゃないですか。だけど天皇は国民一人ひとりの幸せを一年中祈り続けていらっしゃるんですよね。僕たちの幸せも祈ってくださっているのですよね。それってとてもありがたいことですよね。

明治天皇

片川先生：そうなんだよ。天皇が普段何をされているのか、テレビや新聞などであまり報道されていないから、知らない人もたくさんいるんだけど、私達一人ひとりの幸せを一年中祈ってくださっているって、本当にありがたいことだよね。

ちなみさん：この前、学校で明治天皇について学びました。明治天皇って16歳で天皇になられたのですよね。明治時代っていうと戦争があって大変な時代だったと思うのですが、明治天皇はどのような方だったのですか？
片川先生：ちなみさんの言う通り、明治天皇は16歳で天皇になられたんだ。それまで260年間続いていた江戸幕府は無くなり、天皇を中心とした新しい国づくりが始まろうとしている時に天皇になられたんだ。
この前話した西郷隆盛たちによって明治維新《めいじいしん》が成し遂げられ、何とか日本は植民地にならなかったんだけど、世界では強い国が弱い国を次々と植民地としていた時代。日本も舵取《かじと》りを間違えると、強い国の植民地になってしまう可能性があったんだ。16歳の明治天皇は、とても不安なお気持ちだったと思うよ。
そんな中、明治天皇は17歳の時、五箇条《ごかじょう》の御誓文《ごせいもん》というものを神様に誓《ちか》ったんだ。
ちなみさん：知っています。「広く会議を興《おこ》し…」で始まりますよね。
片川先生：そうなんだ。「広く人材を求めて会議を開き、すべて公正な意見によって決定しよう」「身分の上下を問わず心を一つにして積極的に国を治めていこう」など、若い明治天皇がこれから守ることが書かれているんだ。今の時代だから、こんな内容は当たり前だと思うだろうけど、独裁者《どくさいしゃ》が国を操《あやつ》っていた国が多かった時代において、身分の上下を問わず、みんなで国造りもしていこうという、これらの内容は画期的《かっきてき》だったんだ。
たけお君：凄《すご》い方ですね。
片川先生：だけど、明治天皇にも、若気《わかげ》の至《いた》りのようなこともあって、19歳の頃はお酒を夜遅くまで飲んだり、相撲《すもう》に明け暮れたことがあったんだ。だけど、明治天皇のお世話・教育をする侍従《じじゅう》（家来）の一人、山岡鉄舟（江戸城無血開城の立役者《たてやくしゃ》）の、命をかけたアドバイスによって、明治天皇は無駄《むだ》な行いをやめ、政治に徹するようになられたんだ。

たけお君：ただ素晴らしい人だけじゃなく、そんな人間味《にんげんみ》のあるエピソードもあったのですね。

明治天皇の時代にあった戦争について教えてください。

片川先生：戦争はいつも複雑《ふくざつ》な背景《はいけい》があるから、一概《いちがい》に説明できるものではないことが多い。だけど、当時の世界は強い国が弱い国を植民地にするということが多く、日本がいつ植民地にされてもおかしくない状況だったんだ。日清《にっしん》戦争、日露《にちろ》戦争は、日本を守るためにせざるを得なかった戦争っていう側面もあったんだよ。

明治天皇は最高指揮官《しきかん》だから、日本から指揮を執《と》っていらっしゃったんだけど、いつも、戦地に行った兵士のことを思っていらっしゃったんだ。「寒くはないだろうか？」「今日は一人でも多く命が助かるだろうか？」など、兵士のことをいつも気にかけていらっしゃったんだ。

それだけではないよ。なんと戦争中は、朝早く起き、戦地にいるみたいに毎日軍服を着られ、遠くで戦っている兵士と同じ状態で指揮をとっていらっしゃったんだ。日本も冬は寒いから侍従がストーブを付けようとすると、「戦地にはストーブはない」と言われて、ストーブを付けずに寒さに耐《た》えながら指揮をとっていらっしゃった。そんなことをされる指揮官は聞いたことがないよね。明治天皇は、日本を守るために戦う兵士にいつも寄り添っていらっしゃったんだ。

そして、戦争で亡くなった方々の名簿《めいぼ》を毎日ご覧《らん》になり、名前の読み方が分からなければ、侍従に尋《たず》ね、悲しんでいらっしゃった。また、天皇がお住まいになる皇居《こうきょ》に、亡くなった方一人ひとり写真や名簿を入れて冥福《めいふく》を祈る場を作られたんだ。

ちなみさん：亡くなった方の数はとても多かっただろうに、一人ひとりに寄り添っていただいたのですね。

また、仲間を最後まで信じることを大事にされたんだ。日露戦争の時、指揮官の一人に乃木希典《のぎまれすけ》さんという人がいた。地上戦において、ロシアの力は大変強く、どうしても太刀《たち》打ちできない場面もあった。世間の人は、乃木さんの指揮能力がないから、その場面では負けたんだと非難《ひなん》して、乃木さんから別の人に指揮官を変えた方が良いと言っていたんだけど、明治天皇は、決して乃木さんを指揮官から外さなかった。また、海軍の指揮官は東郷平八郎《とうごうへいはちろう》さんという人だったんだけど、この人も絶対に指揮官から外さなかった。誰が何と言おうと、仲間を最後まで信じられたのが、明治天皇だったんだ。

結果的に、日清・日露戦争は両方勝利で終わった。もし明治天皇という優れた最高指揮官がいなかったら、日本は勝てなかったという人もいるんだ。勝てなかったら、日本は他国の植民地になるということだからね。

たけお君：明治天皇の判断が誤ったら、日本は他国の人の奴隷《どれい》になる可能性もあったということですね。僕だったら、そんなプレッシャーの中で指揮なんかとれないです。

片川先生：明治という時代は本当に先が読めない時代で、一人ひとりが日本を守るために必死だったんだ。その中でも明治天皇の苦悩は想像を絶するほど大きかったと思うよ。

だけど、どんな状況にあっても、国民に寄り添われ、国民と共に、日本を世界が驚く一流国家に創り上げられた。これは他国の人が真似《まね》できない奇跡だと言って、世界の人々が明治天皇を「大帝（偉大《いだい》な王）」とたたえたんだ。

そんな明治天皇が何より大切にされたのが、和歌なんだ。天皇が詠まれる和歌のことを御製《ぎょせい》というんだけど、明治天皇に限らず、歴代天皇は、ご自身の思いを、御製を詠むことで国民に伝えられてきたんだ。その中でも明治天皇は、たくさんの御製を残されたんだ。その数、なんと9万3千首！

ちなみさん：9万⁉ すごい数ですね。

片川先生：そのほとんどが、国民のことを思われて詠まれたものなんだ。最後に、明治天皇が残された御製をいくつか紹介して終わるね。

○民《たみ》のため　心のやすむ　時ぞなき　身は九重《ここのえ》の　内にありとも
（自分は東京の皇居の中にいるが、大切な国民に尽くしたいという思いは消えることは決してない）
○よもの海　みなはらからと　思ふ世に　など波風の　たちさわぐらむ
（四方の海にある国々はみな兄弟だと思っているこの世の中であるのに、どうして波風が立ち騒《さわ》ぐのだろうか）
※日露戦争開戦時に詠まれた御製。本当は戦争を避けたい思いが伝わってくる。
○まぢかくも　たづねし民の　なりはひを　こよひ旅ねの　夢にみしかな
（間近に訪れて聴いた国民の仕事のことを、今夜は旅寝の夢に見るよ。）
※畑仕事をする農民の声を聴けたことを喜んでいらっしゃる様子が伝わってくる。
○草まくら　旅にいでては　思ふかな　民のなりはひ　さまたげむかと
（旅に出る度に思うことだよ。民の仕事の妨げになっていないか心配だと。）
※明治天皇が全国を巡られる際は、大勢の国民がこぞってお祝いをした。自分のためにお祝いをしてくれる時間、仕事の邪魔《じやま》をしてしまっているのじゃないかと心配されている。
○うづみ火も　なにかもとめむ　いくさ人　穴に寒さを　ふせぐ思へば
（火鉢の炭火もどうして求めようか、いや求めない。兵士たちが穴を掘って寒さを防いでいるのを思えば。）

※明治天皇のひ孫の現上皇陛下（元：平成の天皇）も、東日本大震災の際自主的に停電を実施され、電力が足りない被災地の住民の助けになろうと尽力された。

〇大空に　そびえて見ゆる　たかねにも　登ればのぼる　道はありけり
（大空に向かって高くそびえ立っている山の頂上であっても、登ろうとすれば、登る道はあるのだ。（どんな困難に見える逆境であっても、乗り越える方法は必ずある。））

【ギモン㊻】敗者《はいしゃ》の気概《きがい》　柴五郎《しばごろう》

片川先生：さて、もし日露戦争に勝利しなかったら、日本がロシアの植民地になっていた可能性があるっていう話をしたよね。

当時、日本とロシアの武力差《ぶりょくさ》は大きく、欧米《おうべい》の人々は、「日本は決して勝てない」と思っていたそうなんだ。

ちなみさん：おそろしいことですね。

片川先生：では、なぜ日本は勝つことができたのか。もちろん色んな理由があって、乃木希典《のぎまれすけ》、東郷平八郎《とうごうへいはちろう》を中心とする日本軍の活躍《かつやく》は大きいんだけど、何よりイギリスの協力があったからなんだ。

たけお君：イギリス？イギリスが何をしてくれたんですか？

片川先生：戦争ではたくさんのお金が必要になる。当時日本は貧乏《びんぼう》な国だったんだけど、イギリスが日本に多額の戦費《せんぴ》を送り、日本の勝利に貢献《こうけん》したんだ。また、ロシア軍への諜報《ちょうほう》活動、妨害《ぼうがい》活動もイギリスが行ってくれたんだ。

たけお君：どうしてイギリスが日本のためにそんなことをしてくれたのですか？

片川先生：日露戦争は明治37（１９０４）年に始まったんだけど、その2年前に、日英同盟《にちえいどうめい》が結ばれたんだ。つまり日本とイギリスは仲間になったってこと。（※日英同盟の内容は、日、英のどちらかが第三国と戦争になった場合、日、英は互いに第三国に加担《かたん》せず、中立を守るというものでした。ただ実際は英国は日露戦争時、上記の通り日本への後方支援《こうほうしえん》を行いました。）

ちなみさん：当時、イギリスって世界でも有名な巨大国ですよね。一方日本は貧乏な国……どうしてイギリスは日本と同盟を結ぶ気になったのですか？

片川先生：それはね、ある一人の青年のおかげって言われているんだ。その青年の名は「柴五郎《しばごろう》」。福島県会津《あいづ》の出身だよ。

ちなみさん：会津って、戊辰戦争《ぼしんせんそう》の時、新政府軍に滅茶苦茶《めちゃくちゃ》にされた場所ですよね？

片川先生：よく知っているね。会津は戊辰戦争の時、新政府軍に対抗する軍として戦い、最後は街を焼かれてしまったんだ。

柴五郎

　柴五郎は会津藩の上級武士の家に生まれたんだ。だから幼《おさな》い頃は、躾《しつけ》は厳しいながらも家族と楽しい暮らしをしていたようだよ。

　会津藩は、天皇がいらっしゃる朝廷《ちょうてい》と、江戸幕府が一緒になって国の政治を行う公武合体策《こうぶがったいさく》を訴《うった》え、明治天皇のお父様である孝明天皇《こうめいてんのう》からも大変信頼されていたんだけど、孝明天皇が亡くなり、時代が大きく倒幕（江戸幕府を倒す）の方向に動いていったんだ。会津藩は、いつの間にか賊軍《ぞくぐん》と扱われ、新政府軍と戦うことになってしまったんだ。

柴五郎のお父さんやお兄さんも戦いに参加したんだけど、「戦争になったら、女性は一番に狙《ねら》われてしまう。そんなことになったらみんなに迷惑《めいわく》をかける」と言って、何とお母さん、お姉さん、妹、おばあさんは、敵が攻めてくる前に自ら命を絶ってしまったんだ。

ちなみさん：10歳の柴五郎さんは、どれだけ悔《くや》しく、寂《さび》しかったことでしょう。

片川先生：実は柴五郎も、みんなの後を追って死にたかったんだ。だけど、「男は生きながらえて、柴家や会津藩の悔しさを人々に伝えなければならない」と言われ、死ぬことすら許されなかったんだ。

やがて会津藩は戦争に負けた。新政府軍は、会津藩の人々を強制的に青森県の、火山灰が積もる下北半島《しもきたはんとう》に移住《いじゅう》させたんだ。

移住する途中も食べるものがなく、道に生えている草や犬の肉を食べて、飢《う》えをしのいだそうなんだ。下北半島についてからも、マイナス20度という極寒《ごっかん》の地で、苦しい生活をしたそうだよ。

たけお君：戦争に負けたら、こんなに悲惨《ひさん》な目に遭《あ》うのですね。

片川先生：だけど、柴五郎はその悔しさを恨みにするのではなく、自らを成長させるためのバネにしたんだ。成長した柴五郎は陸軍幼年学校に入り、軍人になったんだ。

五郎は諜報員《ちょうほういん》として中国の北京に行き、仕事として北京に来ているイギリス、フランスなどの人々との信頼関係を気づいたんだ。

ある日、中国（清）のテロ（新興宗教《しんこうしゅうきょう》）集団である義和団《ぎわだん》が、中国から外国人を追い出すため、イギリス、フランス、日本などの大使館《たいしかん》を取り囲み、外国人が営《いとな》む色々な店を次々と襲《おそ》ったんだ。中国（清）の政府は、義和団を抑えつけるどころか、何と義和団を支援したんだ。

たけお君：逃げ場がないですね。それでどうなったのですか？

片川先生：日本大使館を守る軍を統率《とうそつ》していたのは柴五郎。北京に住んでいた各国の人々は大使館に逃げ込んだんだけど、義和団は大使館も襲おうとした。そこで柴五郎は日本軍と共に、各国の大使館がある街を、義和団から守ったんだ。

やがて援軍《えんぐん》が来たんだけど、援軍が来るまでのなんと55日間も、日本軍が守り通したんだ。

ちなみさん：いつ、どこから敵が襲ってくるか分からない中で、55日間も守り通すってすごいですね。

片川先生：その姿を見ていたイギリスのマクドナルド大使は、「日本軍は見事に統率された部隊であり、大使館街を守り切った」とビクトリア女王に報告し、イギリス政府は日本に対して深い信頼を置くことになったんだ。イギリスの新聞も、「籠城中《ろうじょうちゅう》の外国人の中で、日本人ほど男らしく奮闘《ふんとう》し、その任務を全うした国民はいない。日本兵の輝かしい武勇《ぶゆう》と戦術《せんじゅつ》が、北京籠城《ろうじょう》を持ちこたえさせたのだ」と報道《ほうどう》したんだ。

たけお君：貧乏な国だと思われていた日本に対して、イギリスが見方を変えたのですね。

片川先生：ビクトリア女王は、軍を統率した柴五郎に対し、勲章《くんしょう》を与えたんだ。この義和団事件が起こったのが明治33（1900）年。そして日英戦争が結ばれたのが明治35（1902）年。

たけお君：だったら、柴五郎の活躍《かつやく》のおかげで、日英同盟が結ばれたのですか？

片川先生：もちろんそれだけでなく、アジアへの侵略《しんりゃく》をもくろんでいたロシアを抑えつけたいというイギリスの狙《ねら》いもあったんだ。だけど、柴五郎の活躍が、日本に対する信頼を持たせることになり、日英同盟に繋がったのは間違いない事実だよ。

ちなみさん：柴五郎さんは、家族を奪《うば》い、自分達のふるさとを奪った新政府軍が作った明治の日本を恨《うら》んでもおかしくないですよね。それなのに、その日本軍の一員として、日本のために命をかけて貢献《こうけん》するなんて、どれだけ凄《すご》い人なんでしょう。

片川先生：そうなんだよ。君達もこれから生きていく中で、悔しいこと、辛いことが沢山起こるかも知れない。だけど、ただ相手を恨むのではなく、その悔しさをバネにして自分を成長させるエネルギーにすることも大切だと思うんだ。

柴五郎は、その後大正天皇から御下賜《ごかし》（天皇陛下から物をいただくこと）された。天皇陛下から御下賜があるなんて、凄いことなんだよ。柴五郎の活躍によって、かつて賊軍とされた会津の人々は、名誉《めいよ》を回復されたんだ。

二人とも、「気概《きがい》」って言葉は知ってる？　「困難な状況に対しても負けず、自分の信念を貫《つらぬ》く」っていう意味だ。片川先生は、柴五郎の生き方から気概を感じるんだ。

【ギモン㊼】戦争を止《と》め、生涯慰霊《しょうがいいれい》を行われた天皇　昭和天皇《しょうわてんのう》

片川先生：2人とも、太平洋戦争（大東亜《だいとうあ》戦争）のことは前話したよね。

ちなみさん：聞きました。300万人以上もの方が犠牲《ぎせい》になった、辛い戦争でしたよね。

片川先生：その戦争は、どうやって終わったか知っているかい？

たけお君：広島と長崎に原爆《げんばく》が落とされて、もう戦争ができなくなったから終わったと思っていました。

片川先生：実は、原爆が落とされた後もなお、戦争を継続《けいぞく》する意見と、戦争を終わらせる意見で真っ二つになっていたんだ。

ちなみさん：えっ？戦争を続ける意見もあったのですか？

片川先生：アメリカなどの連合国から出されたポツダム宣言（降伏の内容）には、日本人にとって一番大事な、天皇の地位を保障《ほしょう》するか否《いな》かがあいまいな表現になっていたんだ。もし保障されなかったら、昭和天皇が戦争犯罪人として処刑される可能性だってあった。だから、天皇の地位が保障されるまで戦争を継続するという意見もあったんだ。

外務省《がいむしょう》は、「天皇の地位は保障されている」という意見だったけど、陸軍省は「保障されていない」との意見であり、議論が進まなかった。降伏《こうふく》の決定が遅れてしまう

と、日本に更なる犠牲者《ぎせいしゃ》が出る。（８月９日にソ連が参戦し、日本は攻撃され続けていました。）

　そこで昭和天皇に意見を求めることになったんだ。

たけお君：最後は昭和天皇に意見をしていただいたのですか？

片川先生：そうなんだ。そこで昭和天皇は、「自分はいかになろうとも万民の生命を助けたい」と言われ、戦争を終わらせることを決められたんだ。

ちなみさん：まだ、天皇の地位が保障されるか分からなかったのですよね。なのに、国民を守るために戦争を終わらせると決められた昭和天皇って、すごい方なんですね。

片川先生：しかし、その後アメリカ議会は、昭和天皇を戦争犯罪人として裁判《さいばん》にかけることを決定し、アメリカ政府もその方針を決定したんだ。

たけお君：えーっ！天皇の地位なんか全然保障されていないじゃないですか。

片川先生：でも、アメリカの決定に従わなかった男がいるんだ。それが、ＧＨＱ（連合国軍最高司令官《れんごうこくぐんさいこうしれいかん》総司令部《そうしれいぶ》）総司令官のマッカーサーなんだ。

ちなみさん：マッカーサーが？　どうしてですか？

昭和天皇

片川先生：終戦後、ＧＨＱが日本にやってきて、日本の改革《かいかく》を始めたんだ。このとき、これまでの日本の良い仕組みもかなり壊されたんだ。

総司令官のマッカーサーは、昭和20年9月に昭和天皇と会うことになったんだ。マッカーサーは、「昭和天皇は、命乞《いのちご》いをするために来るんだろう」と思っていたそうだよ。

しかし、昭和天皇は会うやいなや、こうおっしゃったんだ。

「戦争の（中略）責任はすべて私にある。私の一身はどうなっても構《かま》わない。私はあなたにお委《まか》せする。どうか国民が生活に困らぬよう、連合国の援助《えんじょ》をお願いしたい」

たけお君：そんなことを言ったら、自分が殺されるかもしれないじゃないですか。なのに何で…。

片川先生：それだけ、国民のことを大切に思われていたと言うことなんだよ。

以前、四方拝《しほうはい》って教えたよね。「この世で起こる様々な困難は、我が身を通してください。全て自分の身が引き受けますから、国民を守ってください」っていう内容の祈りを、毎年元旦の朝にされているんだけど、その内容と同じようなことを、この時戦争相手国だったマッカーサーに言われたんだ。

マッカーサーは、その日の夜、こんなことを日記に書いている。

「私の前にいる天皇が、個人の資格においても日本の最上の紳士《しんし》であることを感じ取った」そして、アメリカ陸軍省に対し「天皇を裁判にかければ、日本国民はすさまじい動乱を引き起こすだろう。天皇を葬《ほうむ》れば、日本国家は崩壊《ほうかい》する。（以下略）」と極秘《ごくひ》電報《でんぽう》を送り、昭和天皇は裁判にかけられないことになったんだ。

ちなみさん：天皇と国民の信頼関係が、マッカーサーにも伝わったのですね。その後の昭和天皇はどのような人生を送られたのですか？

片川先生：その後は全国を巡《めぐ》られ、戦争によって辛い気持ちになっている国民を励《はげ》まされたんだ。どこに行かれても、天皇陛下をお迎えするための大行列があったそうだよ。そして、生涯慰霊を行われた。しかし、唯一《ゆいいつ》沖縄だけは、複雑な理由が重なり、どうしても行くことができなかったんだ。

たけお君：沖縄と言えば、多くの犠牲者が出た場所ですよね。どうしても行かれたかったでしょうね。

片川先生：昭和天皇が亡くなる間際《まぎわ》も、沖縄に対する思いを言われていたそうなんだ。だけど、ついに叶えられないまま崩御《ほうぎょ》（亡くなった）されたんだ。

　昭和天皇が果たせなかった沖縄慰霊は、上皇陛下（元平成の天皇）が叶《かな》えられ、その想いは今の天皇陛下にも受け継がれているんだよ。

第六章　同僚の先生からの相談

【ギモン㊽】谷岡先生（25歳 女性 教員3年目）からの相談

コスパが悪いので、転職しようかと思っています

谷岡先生：実は、教師を辞めて、別の仕事に転職しようかと思っています。
片川先生：どうしてですか？
谷岡先生：私の大学時代の友達は、電力会社や県庁、住宅メーカーの営業職など様々な仕事をしていますが、どの仕事も、教師より楽そうで、給料も高いようなのです。残業代もしっかり支給されるし、休憩時間もたっぷりある。有給をたくさん取ることだってできるそうです。

それに比べて、教師は朝早くから学校に行かないと行けないし、子供の対応などがあるから、休憩時間なんて無いようなものでしょ。

土日だって、次の週の授業計画や教材研究をしないといけない。その割には、残業時間分の給料が出るわけではない（はじめから、給与の4％分が超過勤務代として一律に支給されている）から、時給換算したらめちゃくちゃ低いじゃないですか。こんな状態だったら、この先いくら頑張っても、大学時代の友達よりコスパが悪い人生になりそうで、嫌なんです。
片川先生：谷岡先生は、どうして教師という仕事を選んだのですか？

谷岡先生：子供が好きっていうのもあるし、公務員だから安定しているって思ったからです。だけど、子供には毎日叱ってばかりで、正直疲れます。
片川先生：最近、谷岡先生が子供に接する態度を見ていて、疲れているんだろうなと感じていました。
谷岡先生：正直疲れます。自分が本当に子供好きかどうかも、分からなくなってきました。
片川先生：…そんな気持ちだったら、教師を辞めた方がいいかもしれないですね。
谷岡先生：…どうしてそんなことを言うのですか？ 私は、「教師は素晴らしい職業だから辞めない方がいいよ」って言って貰えるかと思って、相談したのに…。
片川先生：谷岡先生のクラスの子供達にとって、谷岡先生はどういう存在なのか、考えたことはありますか？
谷岡先生：…ただの一教師です。
片川先生：そうじゃないと思いますよ。今年度、自分達にとって一番信頼すべき、立派な先生だと思っているんじゃないですか？
子供達が普段接する大人って、意外に少ないんじゃないかって思っています。家族、親戚、教師、あとはクラブチームの監督や友達の保護者くらいじゃないですか？
その中で、教師という存在は、子供達にとって非常に大きいのです。教師の一言や態度によって、子供達は大きく影響を受けます。そんな子供達が、「谷岡先生は疲れている。自分達のことをそんなに好きじゃない」って知ったら、どれだけショックを受けるか、考えたことはありますか？

谷岡先生：……

片川先生：私も、教師は他の職業に比べて、決してコスパが良い仕事ではないと思っています。特に忙しい学校では、時給換算をすると驚くほど低いでしょう。

でも、教師じゃないと、絶対にできないことがあります。何だと思いますか？

谷岡先生：子供達に教えるということですか？

片川先生：教えるというより、自分達の世代の後にこの地域、この日本、そして世界を担っていくことになる次世代の人間を育てられるということです。

年齢的に考えれば、我々が現役世代から退いた後、目の前の子供達の世代にこの社会を任せるようになります。この社会を動かす主体は、やはり現役世代です。現役世代となる人が、どういう人間に育つかで、この社会の行く末も決まると思います。大事な大事な次世代の人間を、我々が育てることができるのです。

谷岡先生：片川先生は、元々市役所の職員だったのですよね。どうして教師に転職しようと思ったのですか？

片川先生：市役所は大変環境が良い職場でした。働きやすく、やりがいもありました。しかし、一つだけできないことがありました。それは、「次世代の人間を育てる」ことです。

現代社会は、多くの問題を抱えています。環境問題、外交、福祉など、様々な分野に問題があります。それらの問題は、次世代にも引き継がれる可能性が高いのです。だからこそ、次世代を担う人間が立派に育ち、主体的に社会問題を解決できる力を身に付ける必要があります。様々な考え方がありますが、私は、小学校教育によって、次世代の人間を立派に育てることが必要だと考えました。

また、私が一番懸念していた問題は、「いじめ・自死」です。私自身、中学校時代にいじめを受け、その深刻さを認識しています。しかしながら、未だにいじめが増え続け、それに伴い自ら命を絶ってしまう子供も増えている。こんな状況を、何とか立て直したいと思い、一念発起して教師に転職しました。

谷岡先生：何だか、立派ですね。

片川先生：私は、立派と言ってもらいたいわけではありません。しかし、教師という職業は、日々子供と接するが故に、非常に責任が大きいのだと思います。だから、かつて「聖職者」と言われた時代もありました。

責任が大きいが故に、やりがいも格別です。子供達が成長していく姿を間近で見られる素晴らしさを、谷岡先生も感じたことがあると思います。

私は、教師となることができ、本当に幸せです。転職するために大きなお金を使い、周りの人にも沢山お世話になりました。教師となった今は毎日大変だけど、次世代の人間を育てていくという大きな役割を果たす一翼となることができ、大きなやりがいを感じています。

「労働時間に見合う給料」という短期的なコスパで見れば、教師は決してコスパが良い職業ではないと思います。しかし、コスパという観点では測ることのできない大きな魅力が、教師という職業にはあるのだと思います。

谷岡先生は、どう考えますか？

谷岡先生：今までは、大学時代の友達と比べてばっかりで、自分が何で教師という職業を選んだのか考えていませんでした。良く考えてみれば、自分の話を聞いてくれる子供達、自分が育てることができる子供達が目の前にいるって、本当に素晴らしい事ですよね。もう一度、コスパという観点から離れて、自分を見つめ直したいと思います。

【ギモン㊾】谷岡先生（25歳 女性 教員3年目）からの相談

難しい保護者がいて困っています

谷岡先生：片川先生、私のクラスの保護者に一人、色々な要求をしてくる保護者がいます。
片川先生：どんな保護者ですか？
谷岡先生：嫌いな子と席を近くにしないで欲しいとかならまだ良いんですけど、その保護者が参加できる日に授業参観を設定して欲しいとか、学芸会で自分の子を主役にしないと教育委員会に訴えるとか、とにかく自分の子供のことしか考えず発言してくるんです。
片川先生：なるほど。他にはどんなことをおっしゃってきますか？
谷岡先生：その子と他の子が学校で喧嘩をすることがよくあるのです。原因を聞いてみるとお互いに非があることがほとんどなのですが、喧嘩のことを報告すると、「相手の子供が全て悪い。なぜ相手の子供をうちの子供と同じクラスにしたのか。相手の子供を刑務所に入れろ」など、自分の子供の非は一切認めず、相手の子供を一方的に責めるのです。
片川先生：それは大変でしたね。

谷岡先生：片川先生は、以前役所で市民からの相談対応をしていたと聞きました。私は、その保護者にどのように対応すればよいでしょうか？

片川先生：世の中には色んな方がいらっしゃるので、時には場をわきまえず、自分の主張ばかり言ってくる人がいます。かつての日本にあった、「場をわきまえる。恥をさらさない」という価値観が段々となくなり、「言ったもん勝ち」という風潮になってきていますね。これは問題だと思っています。だからこそ、我々教師が課せられている使命は大きいと思っています。

ただ、無茶苦茶な主張をしている人にも、大切にしている価値観があると思います。おそらくその保護者は、「学校を、自分の子供にとって最高の空間にしてほしい」のでしょう。もしかしたら、親なのに、子供の要求に応えられなかったら、子供が自分にそっぽを向いてしまうことを恐れているのかも知れません。

多くの保護者は、学校に理不尽なことを要求してこないでしょう。しかしどの保護者も、「自分の子供が一番かわいい」のです。自分の子供の言うことを信じ、要求を叶えてあげたいと思うのが親なのです。

だから、そのことをまず念頭に置いていただき、どんな保護者でも最後まで話を聞くことを大切にしてください。もしかしたら、ただ聞くだけで「担任の先生は自分の思いを分かってくれた」と安心されるかも知れません。

谷岡先生：そうですね。ただその保護者の要求を叶えないといけないのでしょうか？

片川先生：その必要はないと思います。クラスにはたくさんの子供がいます。一人の保護者の理不尽な要求を応えていくと、結局「言ったもん勝ち」となり、他の子供達にとって最適な空間が確保されません。

今の学校現場は、クレーム対応を重視するあまり、「一人の保護者のクレームを恐れ、全体の方針を変える（その人に合わせる）ことが、往々にしてあります。「宗教が違うから神社には行けない」という一部の保護者の要求を通して修学旅行先を変更するとか、「くん」と呼ばれたくない子供が一人いるから、子供全員を「さん」付けにする」とかです。それだったら、宗教上神社に入れない子供だけその時間に別の活動をさせてあげたり、「くん」と呼ばれたくない子供のみ「さん」と付けるだけでいいのです。クレームを恐れすぎると、学校全体の方針がぶれてしまいます。やはり、先生が確固たる軸を持ち、たとえ一人二人が批判してきても、「私は〇〇を大切にしているから、こういう方針でいきます」と説明していくことが大切でしょう。だから「学芸会の主役は、みんなで公平に決める」「喧嘩は双方に原因がある」など、谷岡先生が大切にしていることを堂々と説明していったらいいのではないでしょうか。

たとえ一時的にその保護者の要求を叶えられなかったとしても、自分の子供が学校生活を楽しく送れていたら、その保護者は安心すると思います。クレームに怯えるより、その子供にとっても、他の子供にとっても、最高の空間になるよう努力することが、何より大切だと思います。

【ギモン㊿】武雄先生（27歳 男性 教員5年目）からの相談

周りの先生が、誰も助けてくれません

武雄先生：片川先生、この学校の仕事量は多すぎます。

片川先生：お忙しい中、日々ご苦労様です。

武雄先生：毎日夜9時くらいまで学校に残って仕事をしているのに、職員室の先生は誰も私のことを助けてくれようとしません。みんな自分のことばかりに必死で、他の人のことを見ていないですよね。

片川先生：失礼な言い方かもしれませんが、武雄先生が忙しくて夜遅くまで残っていることを、周りの先生は知っているのでしょうか？

武雄先生：その時間まで残っているのは僕ぐらいだから、管理職の先生以外は知らないんじゃないですかね？

片川先生：じゃあ、武雄先生は、ご自身の仕事を手伝って欲しいと、他の先生にお願いをしましたか？

武雄先生：していないです。他の人にお願いする時間があったら、自分がやった方が速いって思ってしまいます。

片川先生：だとしたら、誰も助けようとはしないと思います。

教師という仕事は忙しいです。武雄先生が言うように、誰もが自分のことに必死になります。だからといって周りの先生は、武雄先生を助けたくないとは思っていないと思います。

だけど、武雄先生が周りの先生にＳＯＳを出さない限り、周りの先生も助け辛いのではないでしょうか？

「もしかしたら、武雄先生は全部自分でやりたいと思っているのかも知れない」「中途半端に助けて、逆に迷惑をかけたら申し訳ない」

そんな気持ちで、武雄先生に話しかけられない先生もいるのではないでしょうか？

武雄先生：まあ、そうかもしれませんね。だけど、「気づいてよ」って正直思いますよ。

片川先生：それは、傲慢な考え方だと思います。私は前職でも、色んな人と仕事をしてきましたが、なぜか仕事を助けたくなる人っているのです。

どんな人だと思いますか？

武雄先生：分かりません。

片川先生：困っていること、手を貸して欲しいことを、素直に言ってくれる人のことです。そういう人には、「何か手伝いましょうか？」と言いやすくなります。その結果、僕も仕事が増えましたが、他の人の役に立つことができて、とても良い気分になりました。

そういう人に共通しているのは、「変なプライドを持っていないこと」や、「ありがとうと言ってくれること」でした。「自分が全部やる方が仕事が速い」「他の人に任せたら余計時間がかかる」など、自分に対する過度なプライドを持っている人には、手伝いましょうかなどと、とても言う気にはなれません。

もしかしたら、武雄先生は、周りの先生にそのようなオーラを出しているのではないでしょうか？

武雄先生は、「気づいてくれない周りの人が悪い」と言っていますが、本当は周りから話しかけづらいオーラを出している、ご自身に問題があるのではないでしょうか？

武雄先生：片川先生にそのように言われて、正直イラッとしましたが、考えてみたらそのような自分だったかもしれません。プライドが高いと、損をすることが多いですね。他人のことばかり責めて、自分を見つめ直すってことを、あまりしてきませんでした。片川先生に言われたことをきっかけにし、自分を見つめ直していきたいと思います。

第七章　コラム

東日本大震災

あの、忌まわしい記憶から、既に10年以上が経過しました。震度7の驚異的な揺れ、17ｍにも及ぶ津波。そう、東日本大震災です。

私は、震災の1年後、宮城県気仙沼市を訪れました。一通りがれきは撤去されていましたが、家があった跡や、陸に上がった漁船などがそのまま残っていました。今は被害を継承するための場所も建設されていますが、私が感じた、被災して間もない町の空気は、もう味わうことはできないと思います。家の玄関のタイル、トイレの便器などもそのまま残っており、「ここでは、確実に人の営みがあったのだ」という、ごく当たり前の事実を実感するのに、十分すぎるものがまだありました。そして町の中心部には、プレハブで作られた復興市場がありました。市場で働く方々は、みな震災に遭われた方だと思います。「いらっしゃい！この魚、おすすめだよ」元気よく声をかけるその目の奥に、悲しい記憶が詰まっているように感じました。

私が小学校教師になり、驚きを隠せなかったことがあります。それは、小学校の児童のほとんどが、東日本大震災以降に生まれたということです。だから、たとえ過去の映像や話から震災のことを知っていても、我々大人が感じた、町が壊れ、人が亡くなっていく恐ろしさを、子供達は経験していないのです。

「記憶の風化」という言葉がありますね。私は、目の前の子供達の姿を見て、「こうして過去の記憶は忘れられていくのだ」と、恐ろしくなりました。どれだけ大きな悲劇があったとしても、伝える人がいないと、ただの過去の出来事となってしまいます。悲劇が歴史上の一事実となってしまったら、当時の人々の思い、教訓など、本当に伝えるべき生の声が届かなくなってしまいます。だからこそ、あの時、現地やテレビで震災を目の当たりにした大人が、それを次世代に伝えていかなければならないと感じ、教師となった初年度から、子供達に大震災の記憶の継承を行っています。

ここからは、令和5年3月8日に小学2年生の児童に話した内容を、そのまま記載します。

平成23年3月11日、午後2時46分、何があったか、皆さんは知っているかな。(ほとんどの児童が答えられない)たった12年前、東北地方を襲った大地震、そして津波があった日なんだ。午後2時46分、震度7の地震が起こり、その直後、最大で17mもの津波が、町を襲い、人々の暮らしをボロボロにした。この地震や津波でなくなった人は、約16000人、しかし、これは、ご遺体が見つかった方の数。今なお、ご遺体も見つからない方が、2500人もいらっしゃるんだ。また、家が流された件数は、何と12万件もあったんだ。宮城県石巻市に、大川小学校という学校があった。午後2時46分、子供達が帰る支度をしていた時、地震が襲ったんだ。津波が来るかもしれないけど、どこに逃げればいいのか、先生も子供達も分からない。逃げ場所に悩んでいる間に、小学校を津波が遅い、全校児童108人のうち、なんと74人が亡くなってしまったんだ。朝、お家の人に、元気に「いってきます」と言って登校した子供達ばかりだったと思う。お父さん、お母さんは、夕方になれば、当たり前のように、我が子に会える。誰も疑わなかったそのことを、74人の子供の両親は、叶えることができなかったんだ。どれだけ悔しく、悲しかったことだろう。

逆に、親が亡くなった子供の数は、約1800人もいるんだ。3月11日、突然、大好きなお父さん、お母さんがいなくなってしまったんだ。皆さんのお家の人と、今日から二度と会えなくなる。そんなこと、想像できる?

津波があった日の夜、家が流された人達は、避難場所に集まった。当然、食べるものも流されてしまったので、被害に遭った人達は、食べ物の配給場所に、一列に並んでいたんだ。その中に、まだ寒い中、シャツと短パンだけを着た9才の男の子が並んでた。近くにいた警察官がその男の子に話しかけると、「地震の後、お父さんが小学校まで来るまで迎えに来たけど、目の前で、車ごと津波に流されていった。家は海岸近くにあるから、お母さんや妹と弟も助からないと思う」涙を拭いながら話す男の子を前に、警察官は言葉を失ったらしい。可哀想な少年に、食料パックを渡すと、少年は、「ほかの多くの人が僕よりお腹がすいているだろうから」と言って、食料パックを返したんだ。皆さん、信じられる?どんなに辛いときでも、日本の子供達は、自分のことだけではなく、他の人のことを考えることができるんだ。

また、地震が起きた後、日本中から、たくさんの、自衛隊の方が、被害に遭った人を助けるため、東北に向かった。何と、自衛隊の人が、約2万人もの命を救ったんだ。もちろん、自衛隊の人の中にも、自宅が流された人がたくさんいた。自宅と一緒に、家族も津波に飲み込まれているかもしれない。でも、自衛隊の人の多くは、被害に遭った人を一人でも多く助けるために、自宅には帰らなかったんだ。その一人、陸上自衛隊第22普通科連隊長の國友さんは、こんなことをおっしゃった。「私たちの最大の使命は人命救助なんです。72時間の間、いかに救えるか。そのデッドラインのうちにいかにお救いできるか。それがあるから、死力を尽くして隊員は不眠不休でやってくれた」実は、國友連隊長の奥さんも、車ごと津波で流されたんだ。でも、奥さんからの「私は大丈夫だから、他の人を助けてあげて」という言葉を受け、國友連隊長は、自宅に帰らず、任務を遂行したんだって。(國友連隊長の奥様も、後で無事が確認されたそうです。)

間違いなく、震災現場は、72時間の間に一人でも多くの命を助ける戦いの場だったんだ。

さて、東日本大震災が起きて、12年が経った。多くの人が、地震のことを忘れかけているんだ。でも、きみたちは、このことだけは忘れないで欲しい。

・人間は、決して自然には叶わないこと。
・命がある皆さんは、亡くなった人の分まで、生きなければならないこと。（きっと、亡くなった大川小の子供達も、それを願っていると思う。）
・自衛隊をはじめ、たくさんの人が、命を助けるために、頑張ったこと。これらのことは、決して、忘れないでほしい。
〈小学2年生の児童の感想〉
・東日本大震災のようなことは、もう起こってほしくないです。
・亡くなった人の分まで、生きようと思いました。
・まだ9歳なのに、僕の分はいらないから、他の人達にあげてと言ったところが、感動しました。命は、大切だということが分かりました。
・自分のことだけではなく、他の人のことも考えなくてはいけないことが分かりました。
・一人でも多くの人の命を助けたいと思いました。

いじめを生まない

私は、いじめがなくならず、むしろ毎年増え続けている理由は、大人にあると思います。マスコミによる、一部の政治家いじめ、ＳＮＳによる、集団的誹謗中傷など、子供の見本であるはずの大人社会が、集団で一部の人を攻撃する構造が、あちこちに見られます。

みなさんも、職場で隠れて、同僚の悪口を言ったり、聞いたりしたことはないでしょうか。

私が言いたいことは、「人間は弱い生き物」だということです。弱い生き物だからこそ、自分に近しい仲間を必死に作り、立場の弱い人を攻撃することで、自分の優位性を高めようとするのです。なぜ、子供のいじめは許されないのに、陰で同僚の悪口を言うことは許されるのでしょうか。社会全体が、このような悪い環境だから、子供にも伝播しているのではないでしょうか。

まずは大人が、「真に強い人間になること」が大切ではないでしょうか。真に強い人間は、同調圧力に屈せず、自分の意思で言動します。そして、自分の言動に全責任を持ちます。あなたは、ご自身が普段話していること全てを、堂々とお子さんに説明することができるでしょうか。まずは自分自身を律すること、それが、いじめをなくすことに繋がるのではないかと考えます。

いじめをしない子を育てる

私をかつていじめてきた同級生の多くは、家庭に問題を抱えておりました。厳しすぎる親、ネグレクト、兄弟間で比較する親など、タイプは様々ですが、いじめっ子に共通しているのは、「家庭で満たされていない」ということです。家庭で、幼少期から愛情をたっぷり受け、常に心が満たされている子供は、他人に攻撃をしかけることはしません。いじめっ子は、家庭で何か満たされない思いがあり、それを外で発散させるため、自分より弱い立場の子供を見つけて、攻撃することで自分自身の優位性を保とうとするのです。

だからこそ、子供を持つ親御さんに言いたいことは、「子供に精一杯の愛情を与えてあげてください」ということです。家庭は、愛を感じる場であってほしいと思っています。人間として、最も大切だといえる「愛」を、我が子に精一杯与えて下さい。「自分はいつも愛情を与えている」と思われる方もいらっしゃるでしょうが、子供は、直接伝えてもらったり、抱きしめてもらわないと気づかないこともあります。「あなたの事が世界一大切だよ」「あなたが生きているだけで、お母さんは幸せなんだよ」と一言伝えるだけで、救われる子供がたくさんいるはずです。もちろん、家庭の事情は様々ですから、家族を養うため、夜遅くまで家を空けてお仕事をされている方も多いでしょう。それはそれで必要なことですが、その間、家で留守番をしている子供は、ずっとさみしい想いをしているかもしれません。子育てで大切なのは、接する時間の長さではなく、密度です。できれば、10分でもいいので、いつもより早く帰り、子供をぎゅっと抱きしめてあげる日を作って下さい。子供は、親の想像以上に、親の愛を求めています。「恥ずかしいから、一緒にいないで」と言う子供ほど、実は親からの愛情を求めています。

それと同時に、「夫婦が仲良くする」ことも大切だと思います。夫婦が円満だと、子供は満たされます。逆に、親が子供の前で喧嘩をしたり、子供の前で、旦那さんや奥さんの悪口を言ったりするのは、絶対に辞めてください。いじめっ子の中には、「家の中がいつも喧嘩ばかり」という家庭も多いのです。子供の前では敢えて、旦那さんや奥さんへの感謝の言葉を伝えることがおすすめです。もちろん様々な事情により、お一人で子供を育てている方もいらっしゃるでしょう。そのような方にも、離れて暮らす配偶者の悪口は、子供の前で言わないことを誓っていただきたいです。親を尊敬できる子供、親に感謝する子供は、将来の可能性が飛躍的に伸びます。我が子の将来のためにも、配偶者に対して、常に敬愛の気持ちを持って下さい。

そして、「もしかして、我が子が学校でいじめられているのではないか？」と感じられている方へ、過去にいじめられた私からお伝えできることとは、「子供は、親に迷惑をかけたくないという気持ちがある」ということです。大人とすれば、いじめられている事実を、親や先生に伝えてくれたら、助ける余地があるのに…と思われるでしょう。

「子供は、親に迷惑を掛けたくない」「いじめられていることを認めるのが辛い」「学校で大事《おおごと》になったら嫌だ」などの理由から、誰にも助けを求めず、一人で我慢するケースが多いのです。「今だけ、少しだけ、自分だけが我慢すれば良い」と、苦しんでいる子供は、今なおたくさんいると思います。しかし、「いじめられている側の子供が、我慢する必要なんてない」と私は思います。

だからこそ、親御さんへお願いしたいのは、「いじめの積極的発見」です。いじめられていることを、親に黙っている子供でも、その兆候は必ず見つけられると思います。私の場合、中学校で頻繁に前髪を抜かれていたため、ある時期、前髪が非常に薄くなっていたことがありました。また、高校の時、教室に貼ってあった、クラスの全体写真で、私の顔に画鋲の後がたくさんありました。そのような、「普段と違う些細なサイン」を、積極的に見つけていただきたいのです。いじめられている事実を、どんなに隠している子供でも、心の奥底では、「助けて欲しい」と思っています。だからこそ、一番の味方である親御さんが、積極的にいじめの事実を見つける努力をし、解決に向けて積極的に動いていただきたいのです。

第八章　おわりに

【僕、先生になります】（たけお君からの手紙）

片川先生、人生において大切なことを色々教えてくれて、本当にありがとうございました。

先生に出会う前、僕は自分自身に対して本当に自信がありませんでした。学校の勉強はできないし、運動もできない。どうせ良い高校や大学にも行けず、僕の人生なんか大したことないだろうって思っていました。

でも、片川先生は「学校の勉強ができるかできないかで、人生が決まるわけではない」ってことを教えてくれました。せっかく人間に生まれたのだから、人間としてどう生きるべきかを真剣に考えることを気づかされました。

片川先生のおかげで、僕にはたくさんのご先祖様が命をつないでくれたおかげで今ここに生きていられることを気づくことができました。そして、食べ物の一つ一つに命があり、その命をいただくことで、生き続けることができるんだと感じることができました。

また、片川先生は、僕が直すべきところを教えてくれました。飛鳥君のことを嫌がっていた僕に、本当の勇気とは何か、本当に強い人とはどんな人かを教えてくれました。おかげで、僕が飛鳥君と洋一君をつないで、今はみんなで遊ぶことができています。

そして、ただYouTubeが好きだからユーチューバーになりたいと言っていた僕に対して、夢や志の大切さを教えてくれました。おかげで、何のために、そして誰のために自分は将来生きていくのかを、じっくり考えることができました。

学校の勉強も一生懸命がんばるという、自分との約束を果たしていったら、テストの点数もどんどん上がっていきました。うれしくなって、一時期竜也君のことを馬鹿にしていたこともあったけど、そんな自分に対し、人を見下してはいけないと片川先生は教えてくれました。おかげで今では竜也君と、良いライバルになっています。

テストの点数が上がってきた僕に対して、お兄ちゃんが冷たくなった時期がありました。でも今は、お兄ちゃんが僕のことを色々助けてくれています。とても嬉しいです。

また、ちなみさんと一緒に、片川先生から日本のこと、立派に生きた人達のことなどを教えてもらいました。今まで、自分が日本人であることをあんまり意識していなかったけど、天皇が立派な国を作ってくれ、日本に生きたたくさんの人達が、日本を守るためにがんばったから、今僕たちは平和に生きることができているのだと分かりました。

僕は、片川先生のように、困っている子供達に対して、「そんなに悩まなくて良いんだよ。今のあなたのままで良いんだよ」と優しくアドバイスできる人になりたいと考えて、自分がなりたいものを「学校の先生」にしました。僕がたくさん相談に乗ってあげることで、僕と同じように、自信がなくて苦しんでいる子供達を、少しでも助けてあげたいと思っています。また、やっぱりYouTubeが好きだから、ユーチューバーの仕事もしながら、悩んでいる子供達に、動画で何か伝えられたらいいなって思います。これって志になりますかね？

これからも、自分との約束を果たし続けることで、立派な大人になっていきたいと思います。そして、自分のためだけでなく、家族のため、友達のため、自分が住んでいる地域の人のため、日本のため、そして世界のためにがんばっていきたいと思います。

これからも、もし悩みが出てきたら、相談させてもらえたらうれしいです。

本当にありがとうございました。

たけお

【自分の人生を諦めません】（ちなみさんからの手紙）

片川先生に初めて会った頃、私は全てに絶望していました。お父さんもお母さんも大嫌い。ご先祖様のことだって嫌い。クラスには信用できる友達がいない。そして、何より自分自身のことが一番嫌いでした。

私の命なんか、どうなったって良いって、本気で思っていました。だけど、片川先生は私に、「嫌なことから逃げず、向き合うことの大切さ」を教えてくれました。

私と向き合ってくれないお父さん、お母さんと、真正面から向き合うよう背中を押してくれました。友達作りとはどういうことかを、真剣に教えてくれました。もし、片川先生にきれい事ばかり言われたら、私は聞く耳を持たなかったかもしれません。だけど、片川先生は自分の経験を隠さず話してくれました。おかげで、「悩んでいるのは自分一人じゃない」って思えたし、「自分の人生を切り拓いていくのは自分なんだ」っていう勇気を貰えました。

片川先生と出会ってから、私の人生には色々な事がありました。

人生で初めての彼氏が出来て、彼氏とどう接していけば良いか悩んで、友達からの嫉妬に悩んで、受験に失敗して、そして彼氏に振られて…… 私が本当に辛い時、片川先生は私に一番必要な言葉をかけてくれました。

そして、お父さん、お母さんとちゃんと向き合うことができました。もしかしたら、私が二人と長年向き合うことが出来なかったのは、「どうせ二人は変わってくれない」と私が勝手に思っていたからかもしれません。私が逃げずに、真正面からぶつかったら、二人とも私の想いに応えてくれました。

また、片川先生は、日本のこと、命のことなど、人間として、そして日本人として絶対に知っておくべき事を教えてくれました。ご先祖様を尊敬できなかった私も、今では数え切れない数のご先祖様に、命を繋いでいただいたことを感謝しています。

そして何より、自分自身のことを好きになれました。こんな自分でも、胸を張って生きて良いんだって思えました。

片川先生、私、自分の人生を諦めません。音楽の道で生きていくなんてどうせ無理だろうと諦めていたけど、音楽学科がある県外の高校に行けるよう、両親を説得します。

そして将来は、大切な人と結婚して、命を繋いで、そしてふるさとに恩返しをしたいと思っています。

10年後、20年後にまた片川先生に出会った時、「私、自分の人生を精一杯楽しんで生きています」って言えるよう、希望を持って全力で頑張ります。

本当にありがとうございました。

ちなみ

【私は母親失格です】（ちなみさんのお母さんからの手紙）

ちなみが、トランペット奏者になるために、県外の高校に行くことになりました。そのまま大学も県外に行ったりしたら、もうちなみと一緒に暮らすことはないかも知れません。私は、ちなみと離ればなれになることが、寂しくてたまりません。ちなみは、一人でちゃんと生活できるのだろうか、変な人に騙されたりしないだろうか……。心配で夜も眠れません。

私は、今まで何一つ、ちなみに親らしい姿を見せてあげられませんでした。ちなみが小さい頃に、前の夫とは離婚し、ちなみが小3になって、新しい夫と再婚しました。だけどしばらくの間、新しい夫とちなみの間には溝がありました。私は、前の夫のように、夫が出て行くことになるのが怖くて、夫に気遣うあまりちなみに寄り添うことができませんでした。またちなみは学校に仲が良い友達がいなかったのに、長い間私は気づいてやれませんでした。

私は母親失格です。今はただ、ちなみに申し訳ない気持ちと、寂しい気持ちで一杯です。

お母さん、ちなみさんは、本当に素晴らしい子です。

私は、何度かちなみさんの相談に乗ってきました。ちなみさんは、自分の人生にいつも真剣に向き合っていて、それ故、悩んでしまうことが多かったのですが、アドバイスをする度、前を向いて必死に頑張っていました。

お母さんはご自身のことを「母親失格」だなんって言いましたが、ちなみさんは、生まれた時からお母さんが自分を必死で育て上げてくれたこと、しっかりと分かっています。だからこそ、かつては言いたいことも我慢していたかも知れませんが、最近はお母さんに本音を話せるようになったと喜んでいました。お母さんとも正面から向き合おうと決めたのだと思います。


ちなみさんとは、色んな話をしました。家族のこと、学校のこと、日本や世界のことなど、数えたらきりがありません。どの話も真剣に聞いてくれました。はじめは少し暗い顔をしていましたが、会う度に表情が明るくなり、とても安心しました。

そして、「片川先生、私はトランペット奏者になるために、音楽学科がある県外の高校に行きたいです」と生き生きした顔で伝えてくれました。はじめは絶望しかけていたちなみさんが、自分の人生を自分で決めた姿に、私も涙がこぼれました。

お母さん。ちなみさんは、もしかしたらお母さんが思っている以上に成長しているのかもしれません。色々と心配になるでしょうが、ちなみさんなら大丈夫です。自分の足で、しっかりと生活していけます。

そして、何よりお母さんのことを大切に思っていらっしゃいます。いつでも帰ってきてくれると思います。安心して、ちなみさんの志を、応援してあげてください。

私にとっても、ちなみさんと話ができ、希望を持たせる手助けができ、本当に嬉しいです。ちなみさんとご家族の明日からが、更に素晴らしい日々になるよう、心から祈っています。

最後に

これは、私が高校を卒業する際、母が文集に載せた言葉です。

三年六組四番　片川　儀治の母が記す

明日にチャレンジ

「今日よりぞ　幼心を打ち捨てて、人となりにし、道を踏めかし」　吉田松陰　語録より

この宇宙は、一滴の海水が集まって大海になるがごとく、無数の生命体〔霊〕の集まりである霊海であると。

動物も　植物も人も、無始よりこの方、宇宙自然界にこれ一つとして無駄のない営みを続けています。その中で生き、生かされています。地球上全ての生命は、この大海の中で同じ目的を持たされ、この世に生を受けたのです。

しかし、人は「この体は自分の物」と錯覚するところから、不条理を感じたり、不成就に心動かされ、理に合わぬ方向に進みやすいと思われます。

自然界は、たとえ古木といえども、四季の営みの中で花実を結び、海では、満ち潮、干潮、大潮、小潮、と万物を育て、はぐくむことをやめることなく続けています。

植物の種を蒔くときは、「大潮」に。それは大潮に向いている時の生命は、勢いがあり成長が速いといいます。

若い君達もこの大潮の波に乗るごとく、大きく大海を目差してほしいのです。全ての生命の目的である大きな種となってほしいのです。一粒の種が大地に落ち、太陽が輝き、適度の水のうるおいで、立派に発芽し、生成し、花を開き実を結ぶごとく、すばらしい要因となってもらいたいのです。自分を一本の木にたとえるならば、地下の根の力で生かされていること、地上の木は精一杯の葉を繁らせ、花をつけ、実を結ぶことです。人の営みも同じことと考えてください。

しかし、立派な樹木にも、風雨にさらされ、厳しい中を生きぬいてこそ　実を結ぶことができるのです。

この世は「諸行無常観」〔全てのものは、変化するものであり、同じ状態でとどまることはない。〕があります。いかなる事に直面しても、振り返りながら、切り開けるように、前進の歩みを止めず、力強く生きて下さい。

親の盾から今まさに飛び出そうとしている君達、どのような向かい風にも立ち向かうことのできる精神力を持ち続け、悔いらず地道に辛抱を忘れないで下さい。

養老孟司さんの言葉に、

「どん底に落ちたら、這い上がるのではなく、もっと下を掘れ」と教えています。必ず道は開けるようにできています。見えないものの中に、真実があるといいます。そこに種を蒔き、太陽の光を全身にあびて、自分の能力を最大限に発揮し、世の中に、恩返しのできる人となるように研きをかけてください。

〇〇高校卒業生の皆さんには、生まれ育った故郷を忘れず、世界中、何処にいても広島の地に帰り、郷里に役立つ人材となってくださることを願っています。

最後に縁ある方々に　感謝の念を忘れないでください。


「まけば生え　まかねば生えぬ　善悪の　人は知らねど、種は正直」

「夢は　でっかく　根は　深く」

以上

我々の体は、我々自身の物であるようで、実はそうではありません。体を構成する要素一つ一つが、遠い先人から受け継いでいるものです。我々は、実に多くの方から、たくさんの命をいただいて、今日も生きているのです。

私は、目の前の子供達に、「自分のためだけでなく、世の中のため、たくさんの人のために何ができるかを考えて欲しい」と、口をすっぱく言い続けてきました。振り返って考えるに、このことは単純なように見えて、人間本来の姿であると感じます。

私は、学校の先生だけが、教育者だとは考えていません。子供は、目の前の大人をよく見ています。両親、コンビニの店員、電車に乗る大人、子供達の目に写る大人全てが、子供達の未来のために、責任を持った行動をしていただきたいと願っています。

そのように偉そうに言う私自身、人間としてまだまだ至らぬ人間です。若い頃は、もっと至らぬ人間で、随分遠回りもしてきました。そんな自分だからこそ、色々な価値観を持つ方に寄り添い、皆さんに響く言葉を伝えられるのではないかと感じ、今回このような形で、皆さんとお会いすることになりました。


原稿を書きながら、「この本は必ず世に出さないといけない。そして多くの子供の心に火を付ける一燈にならなければならない」との想いが湧き出てきました。そして全ての原稿を書き終えた今、私はとてもワクワクしています。この本によって、一人でも多くの子供達が生きる希望を持ち、世の中に貢献する未来が、近くに迫っていると感じたからです。

近い将来、少子高齢化や個人主義の渦に巻き込まれた日本は亡びるだろうと言う人もいます。一方で、２０２５年（令和７年）日本は立ち上がるだろうと予言した、国民教育の父、森信三先生という方がいます。

皆さんは、どちらを信じるでしょうか。

私にはどちらが正解か分かりません。しかし、今日という一日、我々が何をするかが、日本、そして世界の進路を決めると思っています。

志ある皆さん、日本のため、世界のため、そして子供達が輝く未来のため、共に立ち上がりましょう。
最後まで読んでいただき、本当にありがとうございました。

令和六年一月吉日

片川 儀治

参考文献

「こども武士道」齋藤孝監修　日本図書センター
「二刀流の侍と武士道」中村正和著
「喜ばれる人になりなさい」永松茂久著　すばる舎
「日本はこうして世界から信頼される国となった」佐藤芳直著　小学館文庫プレジデントセレクト
「天皇の国史」竹田恒泰著　PHP
「古事記で謎解き　ほんとにスゴイ！日本」ふかわこういちろう著　サンマーク出版
「大化から令和まで　日本の元号大事典」日本の元号大事典編集委員会編著　汐文社
「令和版　本居宣長の不思議」本居宣長記念館発行
「幸福の国ブータンに学ぶ　幸せを育む生き方」永田良一著　同文社出版
「察しない男　説明しない女　男に通じる話し方　女に伝わる話し方」五百田達成著　株式会社ディスカヴァー
「中江藤樹　高杉晋作　明治天皇」岡田幹彦著　光明思想社
「日本の偉人１００人」寺子屋モデル編著　致知出版社
「ある明治人の記録」石光真人編著　中公新書
「頭のいい子を育てる偉人のおはなし」荻野善之発行　主婦の友社編修

「子どもたちが目を輝かせて聞く偉人の話」平光雄著　致知出版社

「【今週の注目記事】羽生結弦、日の丸に「ありがとう」　国旗を丁寧に扱う姿に称賛、感動の声相次ぐ（1/2ページ）」 - 産経ニュース (sankei.com)
https://www.sankei.com/article/20180224-UYSCTKSCDROI7MNF5G623KOB6Y/

前ブータン王国名誉総領事館ホームページ　http://www.japan-un-friendship-associations.org/bhutan/news/202110_4/index.html

「日本の戦費調達を支援したのはキャメロン英首相の高祖父だった！」産経新聞記事
平成28年6月13日
https://www.sankei.com/article/20160613-4VI67DULYJMMJM7VMA6YKFVSII/

【片川　儀治（かたがわ よしはる）プロフィール】

平成元年広島県生まれ。

平成24年山口大学工学部卒業、平成26年広島大学大学院工学研究科博士課程前期修了。平成26年より広島市役所勤務。都市計画、インフラ整備業務を8年間行ってきたが、未来の日本、世界を安心して託せる立派な人間を育成するため、小学校教諭への転職を決意。

令和４年４月より広島市内の小学校にて奉職中。

その他、もののふの会共同副会長、中国致知若獅子の会世話人、吉田松陰流教育研究会副会長、偉人語りの会運営メンバー、元号を使おう会会長等を務めている。

先生、教えて！
勉強ぎらいなボクが親も学校もきらいなワタシが思う
50のギモン

令和6年1月16日 第1刷発行
令和6年1月28日 第2刷発行
著　者　片川 儀治
発行者　釣部 人裕
発行所 万代宝書房
〒176-0002 東京都練馬区桜台 1-6-9-102
電話 080-3916-9383　FAX 03-6883-0791
ホームページ：https://bandaihoshobo.com
メール：info@bandaihoshobo.com
印刷・製本　日藤印刷株式会社
落丁本・乱丁本は小社でお取替え致します。

ISBN 978-4-910064-89-5 C0036

装丁・イラスト　小林 由香